JN239382

気がつくと子どもの英語力が
ぐんぐん伸びている

おうち英語

聖学院大学 講師
元埼玉県立浦和高校 教諭
小河園子

Gakken

40年間、1万人を教えてきてわかった 「子どもに英語を身につけさせる」 ためにすること

Hello！　みなさん、はじめまして！
英語教師歴40年の小河園子と申します。

「おうち英語？　ちょっと意識高くない？」と思われたかも
しれません。でも実は、私がこの本を書くきっかけになった
大きな理由があるんです。それが、この事実。

小学生から英語が始まり 中学生での英語がグッとむずかしくなって、 英語でつまずく子が爆発的に増えた！！

「え？　私たちの時代は中1の英語なんて簡単だったけど」
　多くの保護者はそう感じるかもしれませんね。
　それもそのはず。かつての中学生は入学してすぐのテスト
で平均80～90点をとれていたのに、**今では平均点は60点前
後、成績も「できる子」「できない子」で二極化していると
いった話を耳にします。英語の内容が驚くほどむずかしく
なっているのです。**

　今の時代、中学受験もめずらしいものではなくなってきま
した。中学受験の科目には「英語」がない学校も多いため、
教育熱心なお宅でも、どうしても英語学習は後回しになりが

ちです。

お子さんが中学に入ってから英語にふれ、

「英語がむずかしすぎて、嫌い！！！」

とならないようにしたい…！

そんな思いで、「毎日のちょっとした工夫」で、楽しく英語にふれあうヒントをまとめることにしました。

「英語力って、どんな子でも伸びる」

ということもあわせてお伝えしたいと思っています。

私は大人になってからの人生のほとんどを、英語教師として過ごしました。教師生活のなかでは、真面目な子、部活に熱心な子、毎日遅刻してしまう子、ちょっと悪さをする子など、本当にいろんなタイプの生徒と出会ってきました。

その数、**なんと1万人**。なかなかの数字ですよね。

1万人の生徒を教えていて感じていたのが、先ほどの「英語力って、どんな子でも伸びる」ということでした。

なぜって、私が教えていた生徒たちは、

英語が得意か不得意かにかかわらず、
海外に羽ばたき、活躍している！

のです。

「英語ニガテなほうだったよね？」という子でも、海外で輝いたりしているんです。不思議でしょう？

そんな生徒たちの姿を、ちょっとだけお見せしますね。

英語力をぐ——ん伸ばした 教え子たちの喜びの声

英語は「オール3」だったけど、先生の応援もあって、尊敬する孫正義さんの母校UC大学に合格!

宇宙への夢を抱き、米国公立大学へ。その後、大学院にも進学。次は、NASAを目指します!

とにかく「発音」を特訓して英語力を上げ、得意の物理でイギリスのインペリアル大学へ。超伝導の技術を学びました!

部活のサッカーをがんばりながら、文武両道。イギリス留学をかなえ、オックスフォード大学に進学しました！

小さい頃からの「おうち英語」が実り、商社に入社後、社費でハーバードMBA短期派遣を勝ちとりました！

手厚い英語学習のサポートで、アメリカのUC大学合格！　その後はアメリカで就職し、永住権を取得しました！

英語力を伸ばし、「タイの東大」と呼ばれるチェランコン大学へ。IT企業へ就職し、今では自著を出版するまでに！

勉強嫌いで、遅刻ばかりだった私。だけど得意な英語を伸ばして、インドの学校で校長先生になっちゃいました！

どうですか？　すごいでしょう？

　ここで紹介した子は教え子のほんの一部に過ぎませんが、**多くの生徒が海外の学校に進学し、夢をかなえ、輝く人生を送っています。**

　みんな公立高校出身で、進学校だけでなく中堅レベルの子もたくさんいます。
　ネイティブとはほど遠い英語力でも、「自分のやりたいこと」があれば強い。英語力はあとからでもついてきます。

　実際に留学して海外で活躍するタイプの子は、「優れた英語力」よりも、「やりたいこと」「学びたいこと」がしっかりあり、それをかなえるために「最低限の英語力」を身につけています。

　これは、私が子どもたちから教えてもらった大切なこと。
　「留学するには、英語が得意じゃなくちゃ！」
　という先入観を生徒たちが払しょくしてくれたのです。
　私にとって、こんなにうれしい誤算はありませんでした。

　この本を読む方も、「ネイティブみたいな英語を身につけさせなきゃ」なんてレベルよりも、「**英語ができるとさらに活躍の場が増える！**」くらいの気持ちで取り組んでいただければと思います。
　そのためには、この本で紹介するように、

ご自宅で「種まき」をしてもらうと、「英語力の伸び」はグングンとめざましいものになります。

　子どもが大きくなって部活や習い事に夢中になって、英語をいったんお休みをしたとしても、「種」さえまいておけば、子どもは「英会話の聞き取りがしやすいな」「こんな話、家で聞いたな」などと「あと伸び」する材料になります。

　なんでそんなことが言えるかって？
ぜんぶ、私が息子にしてきたことだからです。

「高い教材は買いたくないな……自宅でお金をかけず、楽しく英語力を伸ばせないかな？」と実践してきた結果、**成人した息子は入社した商社で、社費でハーバードエグゼクティブMBA に短期派遣するまでに伸びてくれた**のです。

- ネイティブ英語じゃなくても大丈夫！
- やりたいことがあれば英語力はついてくる！
- 前もって「種まき」してもらった子は、「あと伸び」がスゴい！！

　40年間の教師生活の集大成と、私自身の子育てで得てきた「SONO メソッド：子どもを英語好きにして、自然と英語を身につけさせるための極意」を63の tips（ヒント）としてまとめました。さっそくお伝えしていきますね！　Let's have fun!!!

気がつくと子どもの英語力がぐんぐん伸びている　おうち英語

CONTENTS

第3章　「言葉」を育てる

第6章 「英語で学ぶ力」を育てる

第7章 中学につながる「学ぶ力」を付ける

【STAFF】
編集協力　　　　　樋口由夏
イラスト　　　　　須山奈津希（ぽるか）
図版　　　　　　　石山沙蘭
ブックデザイン　　上坊菜々子
DTP　　　　　　　野中賢／安田浩也（システムタンク）
校正　　　　　　　小倉レイコ

第 1 章

「聴く力」を育てる

「レリゴー方式」で
好きな歌を「完コピ」する

　最初にご紹介するのは、小さい子が大好きな「歌」を使ったもの。

　歌のフレーズから英語のリズム感やテンポを感じとるのはとても重要です。なんと言ってもおすすめなのは、「好きな歌を完コピ」すること！　この"完コピ"がポイントで、歌を聴いたら、それを同じ速さで完全に再現できることをいいます。これだけは、適当ではダメ。**短くても、ワンフレーズでもいいので、まずは完コピです。**

『アナ雪』の"Let It Go"が街中に流れていたとき、みんな耳から聴こえたまま「レリゴー♪」と歌っていましたよね。まさにそれが正解！　これを丁寧に「レット　イット　ゴー♪」なんて歌っていたら、リズムに乗り遅れてしまいます。リズムに乗って、なんとなく英語が言えるこの感覚、名付けて「レリゴー方式」です（笑）。

　完コピするときは、日本語の意味はわからなくてOK。ただしお子さん自身が意味を知りたいようなら一緒に調べてみましょう。

　これが2、3歳のお子さんなら意味がわからないまま、スポンジのように英語を吸収していくところですが、小学生の場合は違います。英語で聴いて「言えちゃった！」「聴こえた通り言ってみた！」という経験を重ねていくうちに、「どう

いう意味だろう？」と思ったら、調べればいいのです。

お勉強ではなく、楽しむほうがうまくいく！

とくに日本語のベースができている小学生になると、意味がわからなくてもとにかくリピートして耳から完コピして満足する子もいれば、文字になっていないと落ち着かない子、日本語訳がないとわかりにくい子もいます。その子に合わせながら、あくまでも楽しんで。

お気に入りの曲やフレーズが見つかったら、リピートしましょう。**狙いは、「カッコいいね！」「気分がいいね！」「できちゃったね！」の感覚です。** レリゴー方式で、外国人になりきってしまいましょう。

意外と大切なのが選曲。「英語を学ばせるため」より「歌いたい歌」のほうが上達が早いです。お母さん、お父さんが好きな歌、子どもと接点が持てる歌、一緒に歌える歌がいいですね。テンポが速い歌よりも、ゆったりしたもののほうが歌いやすいでしょう。

18ページにおすすめの曲名リストを挙げておきますので、参考にしてみてくださいね。

SONOKO先生のワンポイント

短くてもいいから、「完コピ」することが大事♪

ノリノリで歌いやすい♪　英語の曲名リスト

The Beatles（ビートルズ）

Let It Be　→レティビー♪

※おなじみの曲ですが、サビのところだけでも歌えるとカッコいい！

John Lennon（ジョン・レノン）

Imagine

※歌詞の意味もわかると、グッときます。2024年パリオリンピックでも使われていました。

Michael Jackson（マイケル・ジャクソン）

Beat It　→ビーリッ！

※マイケル→マイコーの歌は、なんといってもかっこいい！　テンポが速いので、サビの部分だけでも。

USA For Africa（ユーエスエー フォー アフリカ）

We Are The World

※音楽の教科書にも載っている曲です。

Taylor Swift（テイラー・スイフト）

Shake It Off　→シェキオ！♪

※途中に出てくる歌詞も歌えると楽しいですよ。

Billy Joel（ビリー・ジョエル）

Honesty

※オネスティは「誠実」という意味です。サビの部分だけでも歌えるといい
　ですね。

Maroon5（マルーンファイブ）

Sugar

※テンポがやや速いので、ワンフレーズだけでも歌えると Good!

Abba（アバ）

Dancing Queen

※親世代にはおなじみの、気分が上がる曲。歌い始めからノリノリになるこ
　と間違いなし！

Chiquitita

※「チキチータ」はスペイン語で、小さい少女という意味。だんだんメロディ
　が盛り上がっていくので、サビを歌えると楽しくなります。歌いやすいテ
　ンポです。

John Denver（ジョン・デンバー）

Take Me Home, Country Roads

※ゆったりテンポで１曲を通して歌いやすい。日本語版ではジブリの『耳を
　すませば』の主題歌でもあるので、日本語の歌詞のリズムと比べても面白い。

「駅の英語放送」を雑音にしない

　駅のホームに立っていたり、電車に乗っていたりすると、英語が聴こえてくることがありませんか？

　たとえば、

"The next station is Shibuya. The doors on the left（right）side will open."
　訳：次の駅は渋谷です。左（右）側のドアが開きます。

　普段なんとなく聴き流しているけれど、そういえば言ってる、言ってる！　と思われたのではないでしょうか。実はこんなアナウンスをしているんだ、ということがわかると、英語がぐっと身近に感じるものです。

　少しでも聴き取れる英語があると嬉しいですし、自信がつきます。とくに電車好きのお子さんなら、駅の英語をスマホで録音するのも楽しいかもしれません。そして親子で、次に聴く機会があったときに注意して聴いてみると、正解がわかってどんどん英語が面白くなります。

　駅のアナウンスには知っておいてほしい表現がたくさんあります。これを雑音にしてしまうのはもったいない！　電車内のアナウンスは車掌さんがされていたりして、発音には個

人差がありますが、新幹線や駅のホームの英語アナウンスはネイティブの録音です。

このように「聴く力」が身に付いたらその先は、聴き取った音が「意味」に着地できること。それが英語力になっていきます。22ページにいくつか例を挙げておくので、ぜひお子さんと外出したときに聴いて、どこまでわかるか競争してみてくださいね。

英語のニュースで一語を拾えたら拍手！

ついでに付け加えると、たまに気が向いたらでいいので、英語のニュースも聴いてみましょう。その中で一語でも拾えたら拍手！

駅のアナウンスやニュースを聴き取る意味は、それがリアルな生活の中での英語だから。映画のセリフの英語は楽しいですが、あくまでも作り物の世界ですよね。リアルの英語を聴き取れることは、きっと子どもにとって大きな自信になるでしょう。

SONOKO先生のワンポイント

駅の英語アナウンスが聴こえたらチャンス！　じっと耳を澄ませてみて

駅のアナウンスの例

"For your safety, please stand behind the yellow line."

訳：安全のため、黄色い線の内側までお下がりください。

※stand behind で「〜の後ろに立つ」という意味です。
the yellow line は、比較的お子さんにも聴き取りやすいです。

" We will soon arrive at Shimbashi ."

訳：まもなく新橋に到着します。

※will soon be arriving〜と ing 形を使うこともあります。
ing 形を使うことで、まさに今、到着していますという臨場感が
出ます（文法については第 7 章でお話ししますね）。

"Thank you for using the JR Yamanote Line."

訳：JR 山手線をご利用いただき、ありがとうございます。

" The next station is Shinjuku."

訳：次の駅は新宿です。

" Please change here for the Hibiya Subway Line."

訳：地下鉄日比谷線はお乗り換えです。

※Please change here for で「ここでお乗り換えください」の意
味です。 このあたりが聴き取れると嬉しいですね。

"The train bound for Ueno, Tokyo is now arriving at track No. 5 ."

訳：まもなく 5 番線に
上野・東京方面行きの電車が到着します。

※5 番線は track No.5 といいます。Track は、車のトラックでは
なくて電車の線路のこと。bound for は「〜行き」。

英語のニュースで聞こえるとうれしい表現

スポーツ編

- **Win** 勝つ
- **Won** 勝った
- **Lose** 負ける
- **Lost** 負けた
- **Playing against…** 〜に対戦する
- **Lost against…** 〜に負けた
- **Finals** 決勝戦
- **Semi finals** 準決勝
- **Quarter finals** 準々決勝
  ※4分の1という意味。8つのチームが4試合。
  勝ち残り図の山が4つあるため。

天気予報編

- **Sunny** 晴れ
- **Cloudy** 曇り
- **Rainy** 雨模様
- **Expected to rain in the afternoon.**
  午後からは雨になるでしょう
- **Thunder storm** 雷が鳴るような嵐
- **Shower** 小雨　※イギリスなどは小雨が多く、傘を持ち歩かない人も。
- **Heavy rain** 大雨
- **Temperature** 気温
- **High** 最高気温
- **Low** 最低気温
- **Highest in 40 years** 40年ぶりの最高気温

アニメや映画を
とにかく楽しむ！

tips
003

　楽しいアニメや映画を観て、とにかくインプットを増やしましょう。**観るときは必ず英語音声で観てください。**

　英語版で観ると日本語の字幕が付いてきます。たとえ字幕を観てしまっても、耳からは英語が入ります。**大切なのは、「吹き替えではない」ということ**です。これは、親に選択権があるうちに必ずやりましょう。子どもが自分で設定を変えられるような年齢になってからでは、なかなか難しいからです。

　子どもが「アニメを観たい」「何かテレビを観たい」と言ったらすかさず「英語で観るならいいよ」と言いましょう。とにかく大好きな英語の映画（アニメ）を観せるだけ。それがそのまま「おうち英語」になっていきます。

　お子さんと映画を吹き替えで観ているご家庭では「子どもがわからないと困るから吹き替えにしている」とおっしゃいますが、これは本当にもったいない！　100歩譲って初回は吹き替えでもいいですが、ストーリーを日本語で理解したら、今度は英語で観ることをおすすめします。**小学校で英語の授業が始まったときも切り替えのポイントです。**「今度からうちでは映画は英語で観てみようか？」などと言ってみる。あるいは、子どもが学校から帰宅するころを見計らって、無理なら日曜日などに、お母さんやお父さんが先に英語で映画

を観ている状況を作ってしまう。子どもが知っている映画なら、「ああ、あれか」と子どもも隣に座って一緒に観るでしょう。ここがお母さん、お父さんの腕の見せどころ。**この時期に、意識的に英語を取り入れるかどうかで、その後の英語とのかかわりや英語の上達は、まったく変わってきます。**

知っているストーリーを 「英語の字幕で」観る

知っているストーリーを英語で観るなら、字幕なしで観て「ここがわかった」という喜びを実感することもできます。「このシーンだけ」など細切れで観てもOKですし、BGMのように映画を流しておいてもOK。お母さん、お父さんがそれで楽なほうでOKです。子どもって不思議なもので、好きなシーンになるとテレビの前に来て観ているものですよ。大切なのは、子どもが英語で映画やドラマを観るフックを作っておくこと。その入口となるのが、小学生時代です。

最初のうちは親子で一緒に『スター・ウォーズ』でも『アナ雪』でもいいんです。それがやがて、中学生や高校生になって大人もハマるような映画やドラマを英語で観ることにつながっていくのが理想。**中学生や高校生になってから、親に「英語の映画やドラマを観なさい」と言われても、もう言うことをきいてくれません。**まだお母さん、お父さんと映像世界に入れるうちに一緒に入っておきましょう。

目的を間違えやすいのでここは強調したいのですが、**映画を英語で理解できることが最優先ではありません**(もちろん最終的にそうなればベスト!)。英語に関しては子どもの様子を

見ながら、やりたそうにしているものはやらせる、飽きたら止める。とてもシンプルなことですし、それで大丈夫！

　目指すは、"子どもが勝手にやり出すようになること"です。つまり、勝手に英語で映画を観る、勝手に英語の本を読む、勝手に英語の動画を観る。「何やってるの？」と親がのぞき込むと、どうやら英語のものを観ているらしい。こうなったら心の中でヤッター！！ですね。まとめると、

楽しい映画でインプットを増やす
　↓
必ず字幕付きのもの（吹替でないもの）を観る
　↓
知っているストーリーを英語の字幕で観る
　↓
字幕なしで同じ映画を何回も観る

　今はインターネットや動画配信サービスなどで海外の映画やドラマ、アニメをたくさん観ることができます。ぜひお子さんが大好きなもの・ハマるものを探してみてください。

　もちろん、スクリーンタイム（動画などを視聴する時間）は大人がコントロールしてあげてくださいね！

SONOKO先生のワンポイント

映画やドラマを英語で観るとっかかりを作っておくのは小学生のうち！

おすすめの映画やドラマ20選

- トイ・ストーリー
- カーズ
- ピーター・パン
- アラジン
- ズートピア
- ハリー・ポッター
- スター・ウォーズ
- タイタニック
- インディ・ジョーンズ
- アルマゲドン

※もう日本語で見てしまった、という場合も、好きなシーンだけでも英語でお楽しみください。

中学生以降向け

- LOST
- 24
- ER 緊急救命室
- 名探偵○○シリーズ

※難しい内容もありますが、ハラハラドキドキするので、つい次が見たくなる。

- フレンズ
- アリー my Love

※どちらもお母さん世代で観ていた人もいたのでは？ちょっとおませな女の子にもおすすめ。

懐かしの名画

- サウンド・オブ・ミュージック
- マイ・フェア・レディ
- メリー・ポピンズ、メリー・ポピンズ2（新作）

1　「聴く力」を育てる

「音」で出遅れても、習ってから慣れる

英語の音はできるだけ早いうちから、意味がわからなくてもとにかくたくさん触れることが大切です。これは、どの英語の先生もおっしゃることであり、どの英語の本にも書いてある事実です。

「じゃあ、小学生から始めるのは、遅いの？」とお母さん、お父さんが不安に思う気持ちも当然です。**英語の音に慣れさせる前に、小学校では英語の授業が始まってしまいます。**

おうち英語のスタートが遅れたとき、どうやって追いつけばいいのでしょうか。私の答えは、「習ってから慣れよう」です。

小学生だからこそできること

小学校高学年になれば、英語の構造やルールをある程度は理解してから「聴く」ことができます。たしかに完全なバイリンガルにはなれないかもしれませんが、基本のルールを知ってから聴くことのメリットは大きいものです。

58ページで紹介する、「L」と「R」の発音の違いを理解することもそうでしょう。たとえば、"That will be all."（これは全部です）は、「ザトオビオオ」と聴こえます。また、"What is your name?"（あなたの名前は何ですか）は、はじめて聴く子どもの耳には「ワッチャネ」と聴こえるようです。英語では強く

読まないところの母音は思いっきり弱くなり、単語の区切り
を越えて音がつながったりするからです。

　ローマ字として標記されていても発音しない音が存在する
ことや、音と音がつながることで想像を超えた音になったり、
単独では発音される音が前後関係ではっきり聴こえなくなる
（消える）こと、これを幼児までは感覚的につかめたりします。

　小学生以降では少し解説も入れてあげて、「音」に関して
はこんなルールがある、日本語とはここが違うということを
知った上で、繰り返し何度も聴く。こうして英語を習いつつ、
同時に慣れていくことができます。

音で出遅れたときの練習法

　**慣れるためにたくさん時間を使いますが、小学生ならまだ
大丈夫**。これが中学生になると、ほかの教科の勉強や部活な
どで忙しく、残念ながら「英語に慣れるために時間を割く」
などということは、してくれなくなってしまいます。
「音」で出遅れてしまった場合の練習法は、

・**短いフレーズを何回も言う。**
・**場面の中で使ってみる。**

　この2つに尽きます。たとえば「L」と「R」の発音の違い
をわからないまま出遅れてしまったら、**その違いを知った上
で、意識的に何度も繰り返し口に出すこと**。これしかありま
せん。

お母さん、お父さん世代が中学になって初めて学校で英語に触れたときは、とにかく「習ったら覚える」だったはずです。でもここで強調したいのは、**「習ってから慣れて、自然に覚えるまで繰り返す」**です。

　そして最後は、お子さんのやる気です。

　これまでたくさんの教え子たちを見ていて、**「やる気」があればスタートの遅れを余裕で取り戻せることを実感しています。**この本でぜひ英語を好きになってもらい、楽しく英語を身に付けていってください。

SONOKO先生のワンポイント

「習ってから慣れる」には、英語のルールを理解してから「聴く」メリットもあります

「つながる音」と「消える音」

　「つながる音、消える音」の現象は、大学入試やTOEICのリスニングテストにも影響大のポイントとなります。

　早口言葉で次のような例があります。

① **Eight apes ate eight apples.**（8匹のサルが8個のリンゴを食べた）

・eightのghは読まない

　これは英語の歴史にもかかわるのですが、「読まない音」（黙字）は結構あります。ほかの例としては、doubt（ダウト、疑い）のb、isle（アイル、通路）のsなどです。

・tと a, は単語を越えてつながり「タ」と聴こえる

　早く読むときに音がつながります。

　あいさつの言葉では、

② **Good morning.**（おはようございます）

・mの前でdが「消える」ので、ほとんど聴こえません。

　発音するときに「飲みこむ」ような感覚です。dの調音点が歯裏、mの調音点が唇ですから、噛んでいる途中に唇を閉じる⇒「飲みこむ」ような感覚になります。

・語尾のgも後に何も続かないので息だけが残る感じでグッモーニンッとなります。

③ Give me five. Give me ten.（ハイタッチをしよう）

・five ＝ 5本指で片手の意味、ten ＝ 10本指で両手の意味。「片手で（両手で）ハイタッチしよう」という意味になります。
・語尾のveが弱音化し、ほとんど聞こえなくなります。

④ Let it be.

・t と i, が単語を越えてつながる。イギリス英語なので最初のtはtとして発音します。
・bの前でtがほとんど消えるので、2つ目のtは、ハッキリ言う必要はありません。

・Let it go.

・e、t、i、母音と母音のあいだにtが入るとき、アメリカ英語ではtが「リ」の音になるから、「レリゴー」で○。

　イギリス英語とアメリカ英語の違いはTikTokなどの影響で以前ほどはっきりとはしなくなってきています。それでもtをどのくらいハッキリ読むかはこだわる人が多いポイントです。

いずれにしても、あまりこだわりすぎると気おくれしてしまいますから、Take it easy.（テイキット　イーズィ）！　どうぞ気楽にね。

ラジオ・テレビの「英語講座」は無料の先生

tips 005

　お子さんが英語を楽しんでいる様子が見られ、より一般的に、英語をバランスよくやらせたいと思ったときには、NHKなどのラジオ英語講座やテレビ英語講座系の番組もいいでしょう。

　ここまで英語を日常生活の中で楽しく学ぶ方法をお伝えしてきました。楽しく英語を学ぶことはとてもいいのですが、弱点はペースメーカーがないことです。

　やる気があるときとないときにムラがあったり、まったく英語に触れなくなってしまったり、ということがないわけではありません。

　これらの講座のメリットは、なんと言っても**1回15分程度と、短時間で済むことと、習慣化できること**。無料で英語の学びの「ペースメーカー」になってくれるのも嬉しいですよね。

　一方、デメリットもあります。日本語の解説が入るため、生の英語のインプットとは一線を画します。英語をシャワーのように浴びたいと思って始めると、日本語の多さに驚くかもしれません。

　でも、小学生の場合は、赤ちゃんが英語の音を聴いて覚えるのと違い、むしろ**日本語の解説があるほうが入りやすい面もあります**。お子さん本人が英語をもっと学びたいとやる気になったとき、学校で推奨されたときなどはぜひ利用してく

ださい。

　また親しみやすいところでは、「＃バズ英語」（Eテレ）という番組があります。世界中のSNSの投稿を素材にして、専門家と一緒に英語を読み解きます。時事ネタや世界の情報に興味があるお子さんなら、面白がるでしょう。

日本語のベースがある小学生向き

　あえて英語講座をご紹介したのは、「とにかく理屈抜きでたくさん英語の音を耳に入れましょう」「感覚を活かしましょう」ということに抵抗を持つお母さん、お父さんもいらっしゃるからです。

　とくに小学生以降からおうち英語を始めたお子さんの場合、英語の耳をつくることや、たくさん聴くことだけでスポンジのように子どもが吸い取ることはもはや難しく、あきらめモードになってしまうご家庭もあります。

　でも、日本語のベースができ、自分の意志で学ぶ姿勢を持つことができる小学生だからこそ、できることとしてプロの解説付きのNHKラジオ・テレビ講座があります。本当はお子さん自身が自分から求めることが理想ですが、まずは親が「自分の子に合うか」「どんなことをやっているのか」をチェックしてみてもいいでしょう。「まだうちの子には早い」と思えば、焦る必要はありません。

　どうしても「おうち英語」をやりたいとなると、親は「オンライン英会話を申し込まなければ」「英検を受けなくちゃ」と焦りがちです。でもその前に**お試しのつもりでラジオや英**

語の講座をやって、子どものやる気をチェックすることができます。

　小学校高学年から中学生にかけて、これらの講座をお子さんが自分から利用できるようになると、とても楽なのです。なんといっても**プロが編集して厳選された内容が、最終的にはビジネス英語にまでつながる**のですから。

　私自身もこれらの講座にはずいぶんお世話になりました。これ以外に英語を学ぶ選択肢がない時代でしたし、いちばん身近に英語の音に触れることができることはとてもありがたかったのです。しかも、繰り返しますがほぼ無料！

　いまはポッドキャストもあるので、お子さんの好みに合わせて聴いてみてもいいですね。

SONOKO先生のワンポイント

英語講座は「やる気チェック」や「ペースメーカー」代わりにも

第 2 章

「話す力」を育てる

映画の「カッコいい フレーズ」をまねする

　大好きな海外映画があれば、ぜひ英語のフレーズをまねしてみましょう。これが「英語で映画」のファーストステップです。映画を使って「聴く力」を育てる方法は、第1章でもお話ししましたが、ここでは、**とにかく短い英語のフレーズを口に出すことを目的としています**。ですから極端に言えば、英語で映画を全部観る必要はありません。

　映画は、お子さんの好きなもの、（日本語で）観たことのあるものがポイント。実写でも、アニメでもいいです。

　『ハリー・ポッター』『アナと雪の女王』は定番ですが、古い映画でもいいですよ。たとえば私が大好きなのは『バック・トゥ・ザ・フューチャー』。きっとお子さんもハマると思います。

カッコいいフレーズを覚える

やり方は簡単。
・**普通に観たい映画を観る感覚で、お子さんがストーリーを知っていて、興味がある映画を選ばせる。**
　↓
・**日本語字幕付きで英語で映画を観る。飛ばして観ても、好きなシーンだけでもOK。**
　↓

・その中でカッコいいフレーズを1つ覚えて、まねをする。

これだけです。

映画の中で、印象的なフレーズがありますよね。私が好きな『バック・トゥ・ザ・フューチャー』の中の、ドク博士の名ゼリフがこれ。

"Your future is whatever you make it, so make it a good one"
「未来は自分で作るんだよ、それならいいものにしよう」。

お子さんが話すなら、後半の "make it a good one" だけでもいいです。この "make it" という部分、英語で発音すると「メイクイット」ではなく「メイキット」になります。カッコいいですよね！ **「なんとなく英語が話せた、ちょっとカッコいい！」子どもにそう思ってもらうのが狙い**です。子どもが日本語で観ても十分楽しく、興味が持てるものが基本です。

セリフが少なくておすすめの映画が『ターザン』です。未開の言葉を知らない人が主人公ですから、そもそもセリフが少ないのです（笑）。ターザンがだんだん人間の言葉を覚える過程が、ベーシックな英語音声でわかります。ストーリーも冒険とスリルが小学生なりに考えるところがある内容で、お母さん、お父さんも楽しめると思います。

SONOKO先生のワンポイント

短い英語のフレーズを口にする。ちょっとカッコいいな！　と思えるものがおすすめ

アニメや映画のフレーズ例

• **May the Force be with you.**
「フォースとともにあらんことを」（幸運を祈る）

『スター・ウォーズ』で、互いに励まし合うときに必ず言う名ゼリフ。

• **To infinity and beyond.**
「無限のかなたに」（さあ、行こう）

『トイ・ストーリー』のバズ・ライトイヤーの決めゼリフ。

• **Hero to zero.**
「ヒーローがゼロになっちゃった」

『ヘラクレス』で、神が人間になり落ち込みます。そこからが本当の力試し。

• **I' ll be back ！**
「また戻るぜ！」

『ターミネーター』のアーノルド・シュワルツネッガーのセリフが流行りましたね。

• **The only thing we have to fear is fear itself.**
「怖いという気持ちだけが怖いんだ」

『ズートピア』で、旅立ちを決める Judy のセリフ。fear（フィアー）の読み方に注意。

● Forever grateful.

「いつまでも感謝します」

こちらも『トイ・ストーリー』より。3人組の宇宙人がいつも言っています。

● I made a good choice！──My best friend.

「お前を選んでよかった、親友君よ」

『カーズ』より。相棒への感謝を込めて。

"You made a good choice." 「それは良い選択」などと使いまわせる。

● What I like doing best is <u>nothing</u>.

「一番好きなことは何もしないことさ」

『くまのプーさん』の脱力系のセリフ。

最後の語を自分の好きなことに変えて言ってみましょう。

What I like doing best is <u>dancing</u>
/<u>singing</u>/<u>playing soccer</u>. など。

何はなくとも
「1日3分の音読」

「おうち英語」の大切なポイントに「音読」があります。まずは1日3分間だけ、音読をやってみましょう。

「英語は耳からってよく聴くけど、リスニングだけじゃダメなの?」という声が聴こえてきそうですが、それはもっと小さいお子さんの場合。**理屈抜きで英語を「音」として聴くことができる時期を過ぎてしまったら、リスニングだけやるよりも、音読をプラスするのがとっても効果的**。

小学生以上のお子さんが初めて英語に触れる場合はすでに、ベースにしっかりと日本語があります。そうであれば、それを利用しない手はありません。あえて、日本語でよく知っている話を英語で音読するのです。日本語で知っている話が英語になると、リズム感やテンポが違います。その違いが面白いと感じたらしめたもの。

音読といっても、英語が読める必要はありません。耳で聴いた音をそのまま復唱(再現)します。いわゆる「シャドーイング」と呼ばれる方法ですね。とくに**最後のほうの一語、二語が聴き取れることが、会話を意識したときにとても大切**なんです。

たとえば『スイミー』や『はらぺこあおむし』『3匹のくま』『おさるのジョージ』シリーズ『きかんしゃトーマス』シリーズなど、小さいころに絵本で読んだことのある話がいいでしょう。女の子ならプリンセス系のものもいいですね。

朗読のCDなどもありますが、インターネットで探せば、字幕付きできれいに朗読された読み聞かせ動画などがたくさん出てきます。

きれいに読めるより大切なこと

ここで目指しているのは、きれいに読めることではなく、「音」に触れること。リスニングだけでなく、音読で口を動かすことが加わるので、これが話す力につながるのです。

コツは、**最初から1つの話を全部音読させようとしないこと**。いくつか試してみて、興味を持ったものを音読しましょう。「1日3分」と書きましたが、3分にこだわらなくても大丈夫。3分たったから終了、としなくても、もっと読みたがったら読ませていいですし、30秒で終わってしまってもいいのです。ただ、決して無理はさせず、ノルマにしないこと。音読＝つらいもの、面倒くさいものにさせたくないからです。

そしてもう1つ。お子さんが明らかに**間違った音読をしていても、指摘はしないようにしましょう**。よほど気になったときだけ「ちょっともう1回聴いてみようか。なんて言ってたっけ？」などと言って一緒に聴き直してみる。もし、子どもが気付いて読み直したらそれでいいし、気付かないようならスルーでOK。お子さん自身が気付くのを待ちましょう。

SONOKO先生のワンポイント

間違ってもOK、とにかく音読で口を動かすことが大事

英語の歌の「リズム」を つかむ

　できれば英語の歌を1曲、完コピしましょう。「聴く力」について は第1章でお話ししましたが、ここで言いたいのは、**「口ずさむことで英語のリズムをつかむこと」**です。これにより、「英語の発音のクセ」みたいなものがなんとなくわかってくるのです。

　好きな歌でもいいですが、ハードルが高い場合は、聴いたことがある、そしてお母さん、お父さんも歌える歌だといいですね。

　たとえばクリスマスソングの「ジングルベル (Jingle Bells)」。ご存じ、毎年クリスマスの時期になると流れるあの曲です。簡単に歌えると思うでしょう？　でも実はこれ、大人でも歌いきれない可能性があります。リズムに乗って歌おうとするとスピードが速く、結構難しいのです。

　これが歌えるようになると、子どもは達成感が得られ、自信につながること間違いなし！

Jingle Bells（ジングルベル）　　　　　※日本語訳：小河園子

Dashing through the snow,	雪を抜けて
In a one-horse open-slay,	馬車に乗って
Over the field we go,	野を越えて　軽く早く
Laughing all the way;	ずっと笑って
Bells on bob-tail ring,	鈴が鳴る
Making spirits bright:	明るい気持ち
What fun it is to ride and sing	楽しいね
A sleigh-ing song to-night!!	そり遊び
Jingle bells, Jingle bells,	ジングルベル、ジングルベル
Jingle all the way,	鈴が鳴る

Oh, what fun it is to ride in a one-horse open sleigh!
　　　ニティズ　　　　　　ナ
　　　　　　　　　　そりに乗るって楽しいね

歌うときのコツ：

①下線の部分は、音の接続を意識しないと、メロディー
　通りに歌えません。

②意味をとるときにフレーズごとの意味のまとまりを
　意識できます。

SONOKO先生のワンポイント

**英語を意識せず、リズムに乗って歌うだけでOK！
親子で一緒に歌ってみましょう**

「早口言葉」を
親子で勝負！

　前項でご紹介したクリスマスソングの「ジングルベル」。後半は、リズムが早くて、英語を乗せて歌うのが難しかったと思います。リズムに合わせて英語のフレーズを早く話すことは、英語上達のコツなのです。

　そこでおすすめしたいのが、早口言葉。日本語の早口言葉でさえつっかかるのに、英語で早口言葉なんてできるの？と思うかもしれませんが、英語だからこそ、**大人よりも子どものほうが慣れるのが早く、上達も早い可能性があります**。

　ぜひ親子で、"早口言葉をどっちが早く間違えずに言えるか競争"をしてみてください。

　子どもって親よりもできることがあると、喜びますよね。クイズでもスポーツでも、競争して親に勝つことは嬉しいものなのです。ちなみに私は息子に負けるのがくやしくて、真剣勝負をしてしまうほうです（笑）。英語を話すときの「マインド」（第5章）にもつながりますが、この**子ども特有の"マウント力"を上手に使うと、英語は伸びます**。

「僕のほうが上手に言えた！　お母さんに勝った〜！」

「私のほうがちゃんと聴き取れたよ！」

　など、大人よりも上手にできた経験は自信につながります。

　有名な早口言葉を3つ紹介します。

Eight apes ate eight apples.

意　　味：8匹のサルが8つのリンゴを食べた。

ポイント：エイとアの音を見極められるかがポイント。
　　　　　慣れてきたらどんどん早く言いましょう。

エイト　エイプス　エイト　エイト　アポーズ
これをリンキング（単語の音をつなげて発音）すると
エイテイプセイテイタポーズ　となります。

He threw three free throws.

意　　味：彼は3本のフリースローを投げた。

ポイント：thとfを同時に練習できます。

I scream, you scream, we all scream for ice cream.

意　　味：私は叫ぶよ、あなたも叫ぶよ、みんなアイス
　　　　　クリームを求めて叫ぶよ。

　I scream と ice cream はどちらも読み方はアイスクリームでだじゃれになっています。Ice cream はアイを強く読み、I scream では後半の動詞の「リー」を長く強く読みます。

＼ 音声でチェック！／

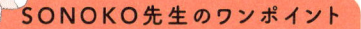

SONOKO先生のワンポイント

親子でどっちが上手か勝負しよう

やってみよう！　英語の早口言葉

Peter Piper picked a peck of pickled peppers.
A peck of pickled peppers Peter Piper picked
If Peter Piper picked a peck of pickled peppers,
Where's the peck of pickled peppers Peter Piper
picked?

※picked……収穫の意の「摘んだ」と「つまみ食い」の意味を重ねています。

意味

ピーター・パイパーはたくさんの酢漬け用の唐辛子を摘んだ。ピーター・パイパーが摘んだたくさんの酢漬け用の唐辛子。もしピーター・パイパーがたくさんの酢漬け用の唐辛子を摘んだなら、ピーター・パイパーが摘んだたくさんの酢漬け用の唐辛子はどこにある？

早口言葉のコツ

1 英語の早口言葉でいちばん有名なものです。
   Ｐという空気をたくさん使う音を連続することで、1 回にたくさん息を吸う練習になります。
2 1 行おきに韻を踏んでいます。
3 関係代名詞の省略という、高度な技が使われているので先に覚えてしまうとお得です。
4 ピーター・パイパーがつまみ食いをしたオチになります。
   Where's the peckled pepper Peter Piper picked……
   ピーターの酢漬け用唐辛子はどこ？
5 どんどん早くして限界に挑戦しましょう。
   TickTock などで、「#英語の早口言葉」を調べて、親子でチャレンジしてみるのも面白いでしょう。

似たバージョンでもう一つ。
中高生でも楽しめるので、ご家族でどうぞ！

> How much wood would a woodchuck chuck if a
> woodchuck could chuck wood?

意味

もしウッドチャックが木を投げることができるなら、どのく
らい投げられるだろう。

※日本語の「青巻紙赤巻紙黄巻紙」と同様に、意味より音の面白さを楽しむ早口言葉です。
　ウッドチャックとはマーモットというリスに似た小動物です。

早口言葉のコツ

1 W の練習です。口を丸めて真ん中にストローのある 感じ
　で息を吹きます。
2 if の前で息つぎをします。
3「仮定法」という難度の高い表現がいつの間にか口になじ
　みます。
4 wood と would が同じ発音になります。
5 どんどん早くして限界に挑戦しましょう。

「大声を出せる場所」
に行く

　実は、英語圏の人たちはとても声が大きいです。少なくとも、日本人より声が大きいイメージがありますよね。なぜだと思いますか？

　右ページを見てください。英語は現在のイギリス周辺（「アングロ＝サクソン七王国」と書いてあるあたり）の、敵に囲まれた地域で発達した言語です。大きな声になっていった理由は、国土が広いことや、狩猟民族なので動きながらコミュニケーションを取る必要があったこと（そうしないと生死にかかわる）など、いろいろあるでしょう。長い歴史の中でプログラミングされたことなのです。中国の人も声が大きい印象がありますが、これも国土が広いからかもしれませんね。

　それに対して日本人は、多くが狭い家やマンションに住んでいて、大きな声を出さずともコミュニケーションが取れます。そして小さいころから、電車では騒いではいけません、大きな声を出してはいけません、などと教育されてきました。

　でも、**語学習得に限っては、声は大きいほうがいい**のです。大きな声で話すメリットは2つあります。

・**自分で自分の声を聞けること。**
・**いざ話すときに相手に声が伝わること。**

英語は敵だらけの中で発達した！

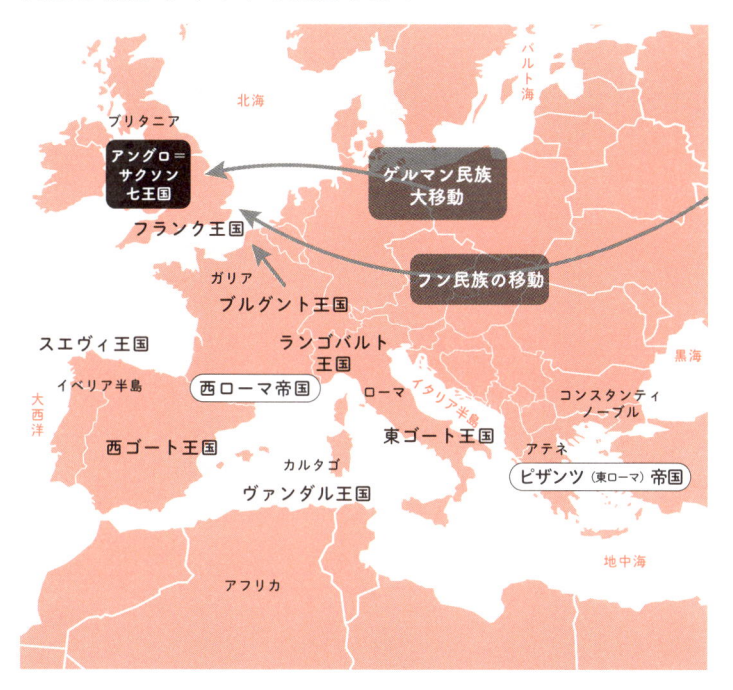

地図中の地名：

北海 / バルト海 / ブリタニア / アングロ＝サクソン七王国 / ゲルマン民族大移動 / フランク王国 / ガリア / ブルグント王国 / フン民族の移動 / スエヴィ王国 / ランゴバルト王国 / イベリア半島 / 西ローマ帝国 / ローマ / イタリア半島 / 黒海 / コンスタンティノーブル / 大西洋 / 西ゴート王国 / カルタゴ / ヴァンダル王国 / 東ゴート王国 / アテネ / ビザンツ（東ローマ）帝国 / アフリカ / 地中海

　　上図の黒色「アングロ＝サクソン七王国」の部分が英語の発祥地。農耕民族と違って、動きながらコミュニケーションを取らなければならなかった狩猟民族は、敵だらけの中で、仲間に確実に伝わるように「大きな声で話す」必要があったのだろうと想像できます。

外遊びを英語でやってみる

「自分で自分の声を聴く」ことは、42ページでお話しした音読にも通じ、話す力だけでなく、聴く力にもつながります。

どんなに素晴らしい英語でも、相手に声が届かなければコミュニケーションが成り立ちません。これは恥ずかしい気持ちを吹っ切る、壁を越える、一言で言えば"度胸"につながることです。

以前勤めていた中堅高校で、英語のスピーチ練習をしたとき、生徒の声があまりにも小さいので、教室の机を全部後ろに下げ、教室のはじからはじまで届くように話す練習をしたことがあります。私、熱血教師でしたから（笑）。

また、埼玉県立浦和高校の研究発表でシンガポールに行ったときのことも忘れられません。

明日、英語でスピーチ発表があるというのに、ちゃんと練習ができていませんでした。「練習しなくちゃいけないのはわかっているけど、僕たちも観光したいです」と生徒に半分泣き顔で言われ、夕食後にマーライオンの下で大きな声でスピーチ特訓をしたことは、いい思い出です（その中の一人は、英語が話せる医師になりました）。

できれば**小学生のうちから、英語を大きな声で話すことの抵抗をなくしておけるとベスト**です。たとえば次のページにあるように、外遊びに英語を使うのはどうでしょうか？

Come here!!	おいで
Look over there.	あそこを見てごらん。
Watch out!!	気をつけて。
Try again!!	もう一度！
Ready go!!	よーいドン！
Well done!!	よくできたね！

　さらに印象的なエピソードとしては、息子が子どものころ、アメリカのスポーツ選手のご一家と公園で遊んでいたとき、帰る時間になってアメリカのパパは子どもの名前をこう呼びました。

「ケ・ヴィ・ン！」

　ケで立ち止まり、ヴィで振り返り、ンで走り出した！　と息子が驚いて報告してきたのを思い出します。これを音節、モーラといいますが、この**音の粒（最小単位）への意識がとても大切**だと、3世代でおうち英語に取り組むベテラン先生もおっしゃっています。

　また野球やサッカーなどのスポーツをしながら　"Let's go!"（行こう！）とか"Good play！"（いいプレイだね！　Nice play とは言いません）など、大きな声で言ってみると、話す力だけでなく、英語を話すメンタルも自然に身に付きますよ。

SONOKO先生のワンポイント

日本語も英語も、大きな声で！　声が聴こえて初めてコミュニケーションは始まります

会話のポイントは最後！
ゆっくり、はっきり、強く

　ここで、学校の英語の授業では絶対に教えない秘密を公開します。**英語ネイティブの人たちは、最後をゆっくり、はっきり強く話します**。このことを知っておくと、とても有利。

Good morning.（おはよう）　→　Good **mor**〜〜〜**ni**〜**ng**.

Thank you.（ありがとう）　　→　Thank **you**〜〜 .

How are you today?（今日の調子はどう？）

　　　　　　　　　　　→　How are **you**〜〜 to**da**〜〜**y**?

　大げさに言うと、「〜〜」の部分をゆっくりはっきり伸ばすイメージです。ゆっくり、はっきり大きく話すのは、そこが大事なポイントだからです。このことをアメリカに20年住んでいた発音のコーチAiko Hemmingway先生に教えてもらったときは、目からウロコでした。**英語の場合、話すときは"後ろを意識する"こと。後半をゆっくりはっきり、重い感じで話すと、途端にネイティブっぽくなる**のです。

　日本語はどちらかというと、最初がはっきりしていて、後ろにいくほど声も小さく、速く、尻すぼみになりますよね。前項でご紹介した、英語で大きな声を出せるようになったら、ぜひ「後ろゆっくり、はっきり強め」のステップに進んでみてください。これは聴く力にもつながります。英語を聴くときに、なにげなく「英語って、後ろのほうの音が強いらしい

よ」と言ってみましょう。子どもは「ほんとかな？」と思って集中して聴くでしょう。このことを知っているだけで、長い目でみるとリスニングが楽になります。

リスニングの効果的な聴き方

　日本人でリスニングが苦手な人は、英語をなんとか聞こうとして「何言っているかわからない〜！」となります。それを「**最後だけ聴けばいい**」「**強く言っているところだけ聴けばいい**」に変えてみると、少し聴き取れるようになってきます。なーんだ、そんなことだったのか、と思えるようになったら、だいぶ進歩していますよ。日本語で強い声を出すときは怒っているときくらいかもしれません。そのため日本人は、英語に威圧感をおぼえてしまう人もいます。でも英語の場合、強くはっきり言うのは、その気持ちを届けたいからでもあります。声に出して実感してみましょう。

Here you go.（さあ、どうぞ）　　　→　　Here you **go〜〜**.

Let me try.（やってみたい）　　　→　　Let me **tr〜〜y**.

I'm sorry.（ごめんなさい）　　　→　　I'm **so〜〜rry**.

Yes,you can.（あなたならできる）　→　　Yes,you **ca〜〜n**.

Orange juice please.（オレンジジュースをください）

　　　　　　　　　　　→　　Orange juice **plea〜〜se**.

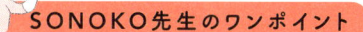

SONOKO先生のワンポイント

音声でチェック！

話すときも聴くときも"最後"を意識

英語の魅力は、「低音」にあり

　"ゆっくり、長く、強く話す"ほかに、もう1つコツがあります。それが「低音で話すこと」。

　英語で話している声を聴いて、「声が低いな」「わざと低い声で話しているのかな？」と感じたことはありませんか？2024年9月にアメリカのエミー賞を受賞して話題となった俳優の真田広之さんの低音も印象的でした。

　そうやってメリハリをつけることで、重要な部分＝伝えたい内容と、それほど重要ではない（はっきり聴こえなくてもいい）内容を分けているのです。なので、**低弱音の部分はそれほど聴こえなくてもいい部分**、ということ。逆に、本来重要でない部分を強く言うと怒った感じに聞こえてしまいます。

　子どもにはぜひ、この"英語式メリハリ"を意識させてあげたいものです。ここは、「英語式メリハリをまねっこしてみよう！」などと言ってみるのはどうでしょうか。

　たとえば自己紹介のとき、

・<u>My name is</u> **Sonoko**.（私の名前は園子です）

　下線部分は低音です。大切なのは名前なので、**Sonoko**は大きく、強めに伝えます。Myだけ強いと、「私はね〜」といばった感じになるので気をつけましょう。

・<u>I like</u> **sandwiches**.（私はサンドイッチが好きです）

　伝えたいのは「サンドイッチ」なので、下線部が低音

です。I が強いと「私はね〜」になります。

・<u>Let me tell you</u> **something**.（私に何か言わせて）

　言われたほうは、最後の **something** が聴こえて初めて、「はい、なあに？」と思うわけです。Let が強いと「私に言わせてよ！」というニュアンスが強くなります。

疑問文も最後が重要

　また疑問文も、最後の部分が強く、音が上がるので、最後こそが重要ということです。**強い部分がまさに相手の答えを求めるフラッグになります**。たとえば以下のようになります。

<u>Do you like</u> **sports?**（スポーツは好きですか？）

<u>Can you play</u> **tennis?**（テニスはできますか？）

<u>Is this your</u> **racket?**（これはあなたのラケットですか？）

　大きな声で最後をゆっくり話すことを意識すると、お子さんも英語を話す気分が上がるはずです。ぜひやってみてくださいね。

音声でチェック！

SONOKO先生のワンポイント

わざとゆっくり、低音で話しながら、英語式メリハリを意識してみましょう

「L」と「R」を
日本語でも区別してみる

　おうち英語で発音記号を意識する必要はありません。ただし、**LとRの発音だけは、後から訂正しようとするとなかなか大変**です。おうち英語を始めようと思ったその日から、意識してほしい音です。

　そうかといって、お家で猛特訓などしたら、子どもはたちまち英語嫌いになってしまいます。そこでおすすめしたいのが、普段の日常生活の日本語の会話でもLとRの発音を区別すること。遊び感覚でやるのがコツです。実際に声に出してやってみましょう。

Lの発音

　舌を歯につけて発音します。舌が前にいくのがLです。単語のどの位置にLがくるかで発音のしかたが若干変わります。

① lion（ライオン）　　　　　lemon（レモン）　lunch（昼食）

② smaller（もっと小さい）　color（色）　　　　slide（スライド）

③ milk（牛乳）　walk（歩く）　talk（話す）　help（助ける）

④ small（小さい）　　　　　all（全部）　　　　tall（背が高い）

※③と④では「ル」よりも「オ」の音に近い。

Rの発音

舌を口の奥に引っ込めて、舌先を上あごに近づけて発音します。舌が後ろに下がるのがRです。単語のどの位置にRがくるかで発音のしかたが若干変わります。

⑤ **radio**（ラジオ）　　**red**（赤い）　　　**restaurant**（レストラン）

⑥ **carrot**（にんじん）**parrot**（オウム）**merit**（利点）

⑦ **cream**（クリーム）　**train**（電車）　　**brother**（兄弟）

⑧ **car**（車）　　　　　**star**（星）　　　**far**　（遠い）

⑨ **card**（カード）　　　**start**（スタート）

※⑦と⑨では、Rの音の前後の音とRの音をそれぞれクリアに発音します。C,T,Bのあとにウは入りません。

\音声でチェック！/

あえて意識する語を絞るのが習慣化するコツです。 要は、聴き慣れない音、という「違和感に慣れていく」のです。

たとえば**restaurant**（レストラン）。あえてカタカナで表現すると「**ウェストラン**」のような言い方になります。家族でレストランに行くときに、わざと「今日はウェストランに行こう！」と言ってみましょう。

Milkは、日本語では「ミルク」ですが、舌を歯につけてLを発音すると「**ミオク**」のように「オ」に近い音になります。**Help**も「**ヘオプ**」。Lは、kやpのような軽い音とくっつくと、ほとんど「オ」になります。

子どもは「ミルクがミオクになるわけないじゃん！」と言うかもしれません。そのときがチャンス！　試しにネイティブの発音を一緒に聴いてみてください。「わー、ほんとだ！」と驚くはず。こうした経験は記憶に残り、この先ずっと "Milk" の発音だけは間違えないでしょう（笑）。

　Radio（ラジオ）なら「レイディオを聴こう！」、Lion（ライオン）なら「このライアンの写真怖いね〜」などなど。ふざけてるの？ というくらいカッコつけて、恥ずかしがらずに大げさに！　そのヘンテコ感を楽しみます。小学生くらいのお子さんなら、こういう強調は大好きなはず。きっと笑いながら発音を覚えてしまいますよ。

「L」と「R」、日本語の「ら行」の舌の位置

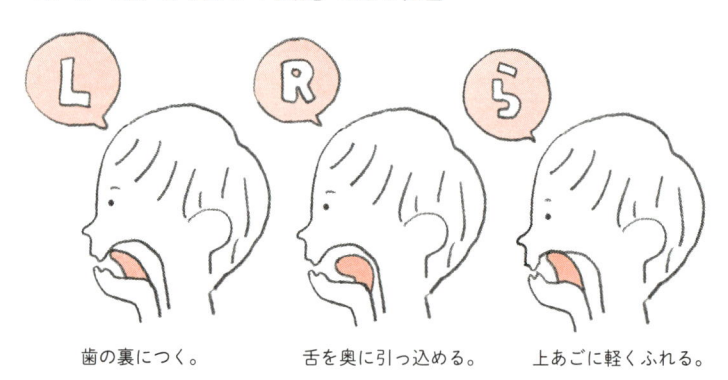

歯の裏につく。　　　　舌を奥に引っ込める。　　　　上あごに軽くふれる。

言えるかな？	
ライト：**Light**（光、軽い）	**Right**（右、正しい）
リーダー：**Leader**（指導者）	**Reader**（読書家、読み物）
クライム：**Climb**（登る）	**Crime**（犯罪）
ロック：**Lock**（カギ、カギをかける）	**Rock**（岩）

＼音声でチェック！／

ほかにもある！日本語にない音

ほかにもちょっと気を付けたい、日本語にない音をご紹介します。One, two, three, four, five. と数を5まで数えるときに、少〜しこれらの音を意識するだけでも違ってきますよ。

- **[f]**（上の歯で下唇を軽く押さえて、「フ」と息を出す音）
  fight, **f**ood, **f**riend, be**f**ore, enou**gh**

- **[v]**（上の歯で下唇を軽く押さえて、「ヴ」と声を出す音）
  video, **v**ery, **v**isit, ne**v**er, fi**v**e

- **[θ]**（舌先を上下の歯で軽くかんで「ス」と息を出す音）
  thin, **th**ank, **th**ird, bir**th**day, mou**th**

- **[ð]**（舌先を上下の歯で軽くかんで「ズ」と声を出す音）
  then, **th**ey, **th**is, mo**th**er, o**th**er

SONOKO先生のワンポイント

カッコつけながら、楽しくLとRを比べてみましょう

おうち英語の前に大切なこと

　英語も日本語も、コミュニケーションであることに変わりありません。とくに小学生以上のお子さんの場合、**日本語での親子のコミュニケーションがしっかり取れていることがとても大切**です。おうち英語を始める前に、「話す力」を育てるために"日本語でのコミュニケーションの中で"日ごろから親が気を付けたいことを4つ挙げてみました。

① 小さな声も大切に受け取る

② 子どもの話をよく聴く

③ 短い言葉の続きを待つ

④ 意図を言葉にしてあげる

　①と②は、お子さんが何か話したら、お母さん、お父さんは必ず「話を聴くよ」という姿勢を持つことです。それは、**「あなたの言葉には意味があるよ」ということを伝えるため**です。これが自己肯定感にもつながります。

　「英語で何かを話す」ことはハードルが高いものですが、その前に「日本語で話す」こと、もっと言えば、そもそも「話す」こと＝「言葉に出す」ことが大事なのです。

　③「短い言葉の続きを待つ」も①と②とセットで、子どもが「あのね…」と話しかけたら、次の言葉が出るのを待ってあげましょう。これは小さいお子さんでも、小学生でも、思春期のお子さんでも同じです。つい親は待つことができずにたたみかけるように質問してしまったり、先に答えを言って

しまったりしがちです。これは私自身の反省もこめています。子どもがとっくに成人した今でも、「あのとき、子どもの話をさえぎらなければ……」と思うことがあるのです。

④「意図を言葉にしてあげる」のは、③と矛盾しているようですが、次の言葉を待った上で、子どもが表現しにくい意図を言語化してあげることです。

たとえば小さいお子さんなら、癇癪を起こしたときに「くやしかったんだよね」と子どもの気持ちを代弁してあげることがありますね。

反抗期になると短い言葉しか言ってくれなかったり、意図と反対のことをしてみたりしますが、反抗期のお子さんにも同じように、「疲れてたんだよね」など、状況を言葉にしてあげると、ギスギスしがちな親子の距離が縮まるかもしれません。

小学生以降のお子さんが英語を始める場合はとくに、**日本語のコミュニケーションができていないのに、それをすっ飛ばしておうち英語を実践するのは本末転倒です。**

Communication(コミュニケーション) という単語は名詞ですが、元となる動詞はcommunicate(伝達する) です。Community(コミュニティ) にもつながる言葉です。共有の要素が強く、相手の存在への意識が必要なのです。

おうち英語の前に親子の言葉のキャッチボールができていること、信頼関係が築けていることが大切です。

「オール3」でも一念発起 して憧れの大学へ!

　教室に貼ってあった一枚のビラが、僕を本気にさせたんです。夏休みの自由参加行事で、「夢見ていたUC(カリフォルニア大学)の学生と地元・川越(埼玉県)で交流できる」と書いてあり、すぐさま飛び付いたのです。参加して毎日討論、休み時間時はリラックスしてゲームやポケモンの話題。めちゃくちゃ楽しかったのを覚えています。

　やがて口に出すだけだった夢を本気で考えるようになりました。「尊敬する孫正義さんの母校、カリフォルニア大学バークレー校を目指す!」と言ったら笑われたのは、苦い思い出です。でも、別の高校でコミュニティカレッジからUCを目指した前例があると先生が教えてくれたんです。

　高校を卒業後、留学予備校で猛勉強。無事に入ったコミュニティカレッジでも猛勉強してついにUCバークレー校に進学でき、浦高同窓会の奨学金をいただくまでに成長できました。

　卒業したいまは、学んだことを日本で恩返しできるように起業したところです。これからも夢をあきらめず、一歩ずつ進んでいきたいと思っています。

※コミュニティカレッジ……アメリカの2年制の公立大学。もとは地域住民のために設立されたため、原則として「誰でも入れる」ことを掲げている。

第 3 章

「言葉」を育てる

Are you ready?

Please, wait

英語の挨拶を「あたりまえ」にする

　英会話でまず出てくるのが挨拶です。

　英語の挨拶って、口に出すとわかりますが、言葉の選び方、音の調子、すべてがなんだか気分が上がるものです。でも日本人が口に出すのはちょっと照れくさい……。そんな気持ちを吹っ切って、**ぜひご家庭で英語の挨拶を習慣化してみましょう**。

　"See you！"（またね）　"Have fun!"（楽しんで）など簡単で、しかも自己肯定感が上がりますよ。

　挨拶のいいところは、無理なく習慣化できること。朝起きたら"Good morning"（おはよう）と言うだけです。

　挨拶以外にも、簡単な言葉で日常使いしやすいものを68〜69ページに挙げておきます。お母さん、お父さんが使いやすいものも入れておきますので、レッツトライ！

ほめ言葉のインフレ効果

　ついでに付け加えると、アメリカ人は、ほめ言葉がインフレします。どういうことかというと、英語はほめ言葉の種類が多い上に、どんどんグレードアップしていくのです。

　たとえば、こんな感じです。

"Good !"（いいね）　　　ほめ度　☆
"Nice !"（いいね）　　　ほめ度　☆☆

ここまではわかると思いますが、これが、

"Excellent!!"（すばらしい）　ほめ度　☆☆☆
"Super !"（すばらしい）　　ほめ度　☆☆☆☆
"Perfect!"（完璧だね）　　ほめ度　☆☆☆☆☆☆☆☆☆☆

　と、どんどん"大げさ"になっていって、言葉の意味のインフレを起こしていきます。実際はPerfectではなくてもベタぼめしてしまいます。もしも日本語で「完璧よ！」なんてほめたら、子どもは疑ってしまいそうですが、英語の場合、言われたほうは単純にとっても嬉しいようです。
　もしもお子さんをたくさんほめたいのに、なかなか言えなかったり、恥ずかしかったりするお母さん、お父さんがいたら、**ぜひ英語でほめてあげましょう。**英語なら惜しみなくほめられそうですよね。

SONOKO先生のワンポイント

英語の挨拶をすると気分が上がり、自己肯定感も UPします！

• What's up?
最近どう？

→ Nothing.（別に）、

Nothing special.（特にない）/ Well,,（えーっと）

※とくに何もなければ Nothing と答えます。子どもの場合、Nothing. と答えるのが圧倒的（笑）。いいことがあれば、Well,, の後に続けます。

• See you, bye!!
またね !!

※See you だけでも。比較的恥ずかしがらずに言いやすいのはコレ。別れるときも使えますし、「行ってきます」という意味でも使える、万能の言葉です。

• Good night.
おやすみなさい。

• Sleep tight.
ぐっすりおやすみ。

※この 2 つはセットです。子どもが Good night. と言うと、親が Sleep tight. と言います。私は高校生のときホームステイをしましたが、ホストファーザーに毎晩言われて覚えました。"-ight" が韻を踏んでいて、カッコいいのです。

● No worries.
大丈夫だよ（なんくるないさ）。

※相手が落ち込んでいるときや失敗してしまったときに。直訳すると「心配ないよ」ですが、日本語訳のイメージでいちばん近いのが、沖縄の方言の「なんくるないさ」です。ドンマイ（Don't mind）は英語としては微妙で、ネイティブが使うのは圧倒的に No worries. です。

● Have a nice day!!
いい1日を!!

※英語には「いってらっしゃい」にあたるものがありません。お母さん、お父さんが子どもを見送るときはコレ。フランスでの経験ですが、Bon jour!!（こんにちは）で始まった会話も、最後には、こちらが外国人で英語のほうがわかると思われているのか、お店などではほとんど必ず" Have a nice day!!" と見送られました。

● Had everything?　Lunch box?　Keys?
全部持った？　お弁当は？　鍵は？

※英語の表現は肯定的なのが特徴。日本語で「忘れ物ない？」は Had everything? になります。忘れ物がないかと問われると、忘れ物に意識がいきますが、全部持った？ と聞かれると、前向きでテンションが上がります。

「英語の正しさ」より
「返事の速さ」が大事！

　親子で一言ずつでも英語でかけ合いをするときに意識していただきたいのが、「速さ」です。**なぜ返事の速さが大事なのかというと、恥ずかしい気持ちや自意識を強めないためで**す。

　速さが得意なのは、お子さんのほうでしょう。子どもって、日本語の会話でも、親がついていけないくらいの速さで反応することがありますよね。それを英語でもやってみましょう。

　返事のスピードはお互いの言葉に被せるくらいの勢いで！

　これができるのは小学生の最大のメリット。中学生以降、自意識ができてしまってからでは、頭で考えて答えてしまったり、日本語に落とし込んだりしてしまうため、スピード感を楽しめないのです。

　正しい英語かどうか、合っているかどうかはひとまず置いておいて、英語のノリを楽しめるといいですね。まずは簡単なものから始めましょう。

　71ページにご紹介した対話を参考にやってみてくださいね。

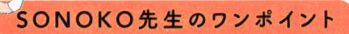

SONOKO先生のワンポイント

スピード感を楽しめるのは今！　まずは決まり文句で
練習を

親子のやり取りではスピード勝負！

- **Are you ready?** 準備できた？
  - →**Let's go.** さあ、行こう。
  - →**Please wait.** 待って。

- **Can you help me?** 助けてくれる？
  - →**Of course!!** もちろん!!
  - →**Just a moment.** ちょっと待ってね。

- **May I use this one?** これ使っていい？
  - →**Go ahead.** どうぞ。
  - →**Maybe not.** ちょっと困るんだ。

- **Come here. Look.** ちょっと来て、見て！
  - →**What's up?** どうしたの？

- **I cannot do this.** これ、できないよ
  - →**That's O.K.** 大丈夫。
  - →**You can try again.** またやってみよう。

「英語のクイズ」で
語順をマスター

　私が勤務していた埼玉県立浦和高校の全国屈指のクイズ研究会が、「英語早押しクイズ」には悲鳴をあげていました（笑）。なぜかわかりますか？

　答えは、「英語と日本語では語順が違うから」です。日本語でクイズをすると、「Q. 日本でいちばん高い山は？」「A. 富士山」とわかりますよね。では英語ではどうなるかというと……。

Q. What is the highest mountain in 　　　　

　そう、最後の最後の　　　　部分まで聴かないと答えが出せないのです。

　　　　　に入るものが "in the world"（世界で）か "in Japan"（日本で）かで答えが違ってきますよね。遊び感覚で英語と日本語の語順の違いがわかると、子どもは面白がってどんどん吸収してくれます。理屈よりもクイズで「わかった！」という感覚を得るほうが面白く、身になるのです。

　クイズには英語に必要な要素が詰まっています。遊びの要素、語順の要素、自分が持っている知識と英語を結び付ける要素、これらの感覚が育って初めて答えを出すことができます。英語を聴いて頭の中で「答えはなんだろう？」と**同時進行で考えることは、"英語で考える" 頭を作ります**。お勉強として「英語で考える」なんてムリ！　という子も、クイズなら遊びの中でできるのです。

疑問文がわかるようになるメリットあり

クイズの場合はとくに、「最初と最後の聴き取りが肝心」です。

What is the highest mountain in **Japan**?
（最初）　　　　　　　　　　　　　（最後）

まずはWhatとJapanが聴き取れるかどうか。不思議なもので、クイズで遊んでいるうちに、子どもは「最初と最後をちゃんと聴かないと当たらないぞ」と気付くもの。

クイズなので疑問文を理解できる必要がありますが、まずは"What"（何）と"Who"（誰）がわかれば十分！　子どもは勘がいいものです。たとえば"What"と"Japan"（日本）があって、その間に入る"mountain"（山）の意味さえわかれば、「富士山！」と答えが出てきます。この感覚をみがけば、**中学に入ってから、疑問文の聴き取りが一歩も二歩もリードできているというメリット**も。

さあ、親子で「最後まで問題をしっかり聴かないとわかりませんクイズ」をスタート。最初は"What is this?"（これは何ですか）からスタート！　袋の中に何かを隠して"What is this?"（これ何だろう？）と問いかけてみましょう。最初は日本語で答えても構いません。

クイズをすることで遊びの中から英語に必要な要素が身に付きます

親子で楽しむ！　英語でクイズ

（　　）内にほかの単語の候補を入れました。単語を入れ替えて、応用してみましょう。

例題①　　　　　　　　　　　難易度★

What is the highest mountain in（ ○○ ）?

➡the world, this city, the U.S.A, Japan

【○○でいちばん高い山はなんですか？】……てっぺんの高さに注目するときは high を使います。

What is the tallest tower in （ ○○ ）?

➡the world, this city, the U.S.A, Japan

【○○でいちばん高い塔はなんですか？】……地面からすべて見えるときは tall を使います。

例題②　　　　　　　　　　　難易度★

Who is my favorite character in（ ○○ ）?

➡Doraemon, Kimetsuno Yaiba, all the anime

【○○のアニメのキャラクターで私がいちばん好きなのは誰でしょう？】

例題③　　　　　　　　　　　難易度★★

What is the color of （ ○○ ）in English?

➡bananas, strawberries, grapes, sunset

【英語では○○の色をなんといいますか？】

What color is this?

【これは何色ですか？】

| 例題④ | 難易度 ★★ |

Whose song is （ ○○ ）?

【○○は誰の歌ですか？】

| 例題⑤ | 難易度 ★★★ |

What is the <u>longest</u> （ ○○ ） in （ △△ ）.

【△△で、いちばん長い○○は何ですか？】
　最初の○○➡river, bridge, pencil, spoon, name
　2つ目の△△➡ Japan, the world, the drawer（引き出し）,
the story
＊下線部を shortest に変えても OK。

| 例題⑥ | 難易度 ★★★★ |

What is the biggest （ ○○ ）

that hit Japan in（ △△ ）?

【△△で日本を直撃した最も大きな○○は何ですか？】
最初の○○➡typhoon（台風）, earthquake（地震）など
2つめの△△➡this year, in 2024, in history（史上）など

| 例題⑦ | 難易度 ★★★★★ |

When was the temple

of Golden Pavilion （ ○○ ）?

➡built, burnt, re-built, last renovated

【金閣寺が（創建、消失、再建、最後に改修）された（した）のはいつですか？】

「言い切る」英語と
「ぼかす」英語

　日本語と英語の情報の出し方の違いが際立ったのがコロナ禍だったと思います。日本語の余韻を残す文化が裏目に出て、指示が曖昧、結局どうしていいのかわからない、判断ができない人が多かったのです。

　当初、「不要不急の外出を避けましょう」と言われましたが、これが非常にわかりにくい指示でした。結局「自分で判断してください」ということだからです。

　「アルコールを提供するお店は22時まで」と言われても、その明確な根拠もなく、指示がわかりにくいと感じた人も多かったですね。

　英語の場合、はっきり指示し、その根拠も示します。"Stay Home" と最初に言い切ったら、その後にその根拠となる理由を述べていきます。「家にいましょう」、その理由は、「感染を防ぎ、あなたの命を守る（"Save Lives"）」ため。

　自分で判断できる余韻を残すのが、日本語のいいところでもありますが、最近では英語のように言い切ってもらったほうが楽だ、という傾向もあります。

　そのせいかわかりませんが、コロナ禍の途中から日本でも "Stay Home"「ステイホーム」といわれるようになりましたね。それもなぜか英語のまま表現されていました。日本語ではなかなか言い切る表現ができにくかったのかもしれません。

「やってほしいこと」を伝えるのが英語

一方、外国人でも日本に長く住んでいる人は、日本語独特のニュアンスを理解していて、強制されるよりも楽だったという人もいます。

「不要不急の外出を避けて」＝「どうしても必要な人は気をつけて外出してください」と言われたほうが、自由度が高いと感じるのでしょう。英語は命令文で、細かく指示を出しますから、最終的に犬の散歩まで何分まで、何キロまでと指示をされることになってしまった国もあるそうです。

こんなこともお子さんと話しながら、「どっちのほうがいいと思う？」「ほかに例はあるかな？」などと聴いてみて、日本語と英語との違いを探すなど、親子の会話のきっかけにしてみましょう。

私が見つけたのはこんな例です。

外国人旅行客の多い九州の別府駅でエスカレーターの手すりに、ベタッと、誰の目にも入るように以下のような文言が貼ってありました。

> **Please keep your hands on your luggage.**（荷物から手を離さないでください）

英語の直訳は「荷物をちゃんと持っていてください」。「ちゃんと持ってるよ！」と反発されてしまいそうです。日本語の指示は、「〜しないでください」と「禁止」の言葉で表現されます。思い描く着地点は同じです。**直訳はやめて伝わりやすく**。これでいいんです！

日本語と英語の感覚がなんとなくイメージできましたか？

日本語は「やってほしくないこと」を伝え、**英語は「やってほしいこと」を伝えるのです**。

ご家庭での会話でも、「忘れ物ない？」と聴くばかりでなく、「○○は持った？」のほうが、少し責任を持って「持った」と応えられるのではないでしょうか。

こんな何気ないやり取りを日本語でも気を付けておくと、英語での会話がずっと楽になります。

結論は短く、ハッキリと

英語では「結論は先に」とよく言われます。

冒頭の部分を聞けば、だいたい言いたいことの"方向性"がわかるのです。たとえば否定の言葉はできるだけ先に出しますし（例：Don't stop〜）、主語が冒頭にきたり（例：I like〜、He is〜）、疑問文はbe動詞が前にくる（例：Is this〜）、あるいは疑問詞が冒頭にくる（例：When,Who など）のですぐにわかります。

また、**日本人が英語を話すときに「なんでもはっきり言えばいいんだ」と誤解してしまうことがあります**。

レストランで「いかがですか？」と尋ねられ、正直に"I don't like it"（これは嫌いです）と言ってしまって大失敗した、というような話も聴きます。

英語を話す人が、相手の気持ちも考えず、なんでもストレートに自分の意見を言うわけではありません。日本人の多くがそうであるのと同じように「これはあまり好きではあり

ません」といったように言い方を工夫します。

けれども小学生の場合は、まだ知っている単語の数も少ないため、大人がするような微妙な表現をしようとしなくても大丈夫。

まずは練習のつもりで「結論から言う」「言い切る」感覚を練習しましょう。"Stop."（止まれ）"Come with me."（一緒に来て）"You can do it."（できるよ）"Tell me."（教えて）などの「言い切り感」を楽しみましょう。

SONOKO先生のワンポイント

小学生のうちはまず"結論から言う"を練習

「体を使って」英語を表現する

英語で動作を表現してみましょう。

うちの息子が幼稚園で教わって、しばらくハマっていたのが、これです。

BIG	–	BIGGER	–	BIGGEST
大きく		もっと大きく		目いっぱい大きく

小さくしゃがんだ状態から、だんだんと立ち上がって、手を上げて、ぐ〜んと背伸びをします。心も大きく広がります。

眠る前の30秒でワンセット！

高校生になっても意外と苦労するcloseとopenを、感覚的につかめるのが小学生かもしれません。目は2つあるからEyesのsを忘れずにね。Eyeだと片目ですよ〜。

Open your eyes.	目を開けて。
Close your eyes.	目を閉じて。

なんだ簡単、と思いましたか。では、もうひとひねり……。

Keep your eyes open.	目を開いていてね。
Keep your eyes closed.	目を閉じていてね。

Openは開いた状態ですから、そのまんま。Closedは閉じた状態をキープするには、-edという短い言葉をちょこっとくっつけておく必要があります。これには、かなり高度な文法の理屈がからんでいるのですが、まずは**行動と結びつけて繰り返し、耳から感覚で覚えておく**と、文法の規則を後から学ぶときに、迷わなくなりますよ。

公園の段差でやってみよう！

階段が3段あればできるのがHop（ホップ）、Step（ステップ）、Jump（ジャンプ）です。左足でHop・一歩目、右足でStep・二歩目、最後のJumpは両足で平らな地面にしっかり着地できるところを選びましょう。

英語のPの音には前にポンと出るような感覚があります。これは、propose（プロポーズ、提案する）、progress（プログレス、進歩する）など、かなり難しい単語にまでつながっていきますが、まずは、ホップ・ステップ・ジャンプの最後のPを歯切れよく、テンポよく、勢いよくやってみましょう。

SONOKO先生のワンポイント

状況や動作とともに英語を覚える

そっくりそのまま
「オウム返し」をする

　赤ちゃんが言葉を覚えるときがそうであるように、そっくりまねをしながら、遊びの中で英会話を楽しく覚えましょう。**まだ文字をきちんと認識できていない小学生のうちは、映像や映像についた文字と一緒に楽しく覚えてほしい**と思います。これはやがてシャドーイングにつながります。

　遊びながら覚えるのにピッタリなのが英会話体操やリトミックです。

　コミュニケーションの約8割はジェスチャーや表情、声の調子などの非言語要素です。西洋人の場合、これ以外にも、髪型や香り、人との距離のとり方も非言語要素に入るそうです。つまり、"言葉の仕事は2割だけ"なのです。**非言語要素を恥ずかしがらずに楽しく身に付けられるのは、小学生ならでは。**

　映画を含めて映像の何がいいかと言うと、意識しなくても非言語コミュニケーションがわかること。会話の間や、沈黙も含めてコミュニケーションです。私たちも、日常会話の中で、すぐに答えられないときがありますね。一瞬、表情がくもったり、考えたりしてからセリフが出ることもあります。こうしたことを感じられるのも、映像のメリットです。

　私も話すときにジェスチャーが多いほうです。熱くなると、つい手が大きく動いてしまいます。これは高校生でホームステイをしたときに、すっかり染み付いてしまったもの。大人

になってからでは、なかなか照れ臭くてできなくなりますが、小学生なら、身振り手振り、声の調子、眉毛を上げたり口を大きく開けたりする表情、全部まねをするのもアリ、なんです。

『英会話たいそう®』で使える会話を身に付ける

今回ご紹介する松香フォニックスの『英会話たいそう®』は、日常生活でよく使う表現が厳選されたもの。**そっくりまね（オウム返し）するだけで、そのまま使えます**。一緒にジェスチャーをまねすれば、表現が覚えやすく忘れにくい。歌って踊って楽しく会話のやりとりを覚えられます。英語が読めなくたって、映像の表情を見て、音を耳で聴くことで自然に覚えられます。

『英会話たいそう®』のポイントは、全部コミュニケーションになっていること。ただフレーズを覚えるのではなく、実際に使える会話になっているのです。だからとても実践的。歌と振り付けと一緒に会話が流れるので、子どもはどんどん吸収してしまいますよ。

英語リトミックが就学前の子どもから小学校低学年向けだとすれば、この『英会話たいそう®』は小学校で英語に触れ始めた３年生〜６年生くらいが対象です。私は以前、埼玉大学で小学校の英語教員向けの授業を持っていましたが、大学生でも「先生、もう１回見たい！」というくらい面白いし、夢中になります。

英語の音と綴りの関係は複雑

たとえば、日本語の「ア」に当たる英語の音は3種類あります。

- 「エイ」と読む場合（例：case, plate など）
- 「ア」と読む場合（例：cat など）
- 「オに近いア」（例：box など）

逆に日本語で「ア」と聴こえる発音は、綴りは「a」だけではなく、「o」だったり、時には「e」「i」でさえも「あ」と聴こえることがあります（これを弱音化と言います）。

音が同じでスペリングと意味が違う言葉もあります。

ネイティブスピーカーも苦労していて、日本人が漢字を覚えるように、時間をかけて覚えるようです。

eye / I	目 / 私　どちらも「アィ」と読みます。
weak / week	弱い / 週　どちらも「ウィーク」と読みます。
brake / break	ブレーキ / 壊す、壊れる　どちらも「ブレイク」と読みます。
son / sun	息子 / 太陽　どちらも「サン」と読みます。
sail / sale	帆 / 売り出し　どちらも「セィオ」と読みます。

『英会話たいそう®』

小学生にもわかるように、コミュニケーションの原則が具体化されています。

Hi!　気軽にあいさつしよう

- Hi! / Bye!
  こんにちは／さよなら
- How are you doing? / Pretty good.
  元気？／元気だよ。
- Where're you from? / I'm from Japan.
  どこから来たの？／日本から来ました。
- What's your name? / My name is Masami.
  あなたの名前は？／私の名前はまさみです。
- Ouch! / Are you all right?
  痛い！／大丈夫？
- Let me try. / This is fun.
  やってみたい。／これ、楽しい。

Sure.　ひとことでもいいから返事をしよう

- Can I go to the bathroom? / Sure.
  トイレに行っていい？／いいよ。
- Can I have some water? / Go ahead.
  水、もらえる？／どうぞ。
- Are you ready? / Not yet.
  用意はいい？／まだ。
- Hurry up. / Wait.
  急いで。／待って。
- Can we play a game? / That's a good idea.
  ゲームしようか？／それはいい考えだね。
- It's my turn. / That's not fair.
  私（僕）の番だよ。／それはずるいよ。

参考文献：mpi 松香フォニックス（2000）『英会話たいそう®』mpi 松香フォニックス
「mpi 松香フォニックス公式チャンネル」https://www.youtube.com/@1979mpi

「ああ言えばこう言う」ゲームをする

「人の揚げ足を取ってはいけません」と子どもに注意したことはありますか？　でも、おうち英語に限っては、どんどん揚げ足を取ってほしいのです。**揚げ足を取れるようになると、英語は大いに上達します。**

たとえば赤と白のストライプのペットボトルがあるとします。そのペットボトルを見て、あなたは何色だと言いますか？

"This is red ."（これは赤だよ）と言ったら、"It's red,but it's also white."（赤だけど、白だよ）と言う人もいるかもしれません。「見方を変えれば、白とも言えるよ」というニュアンスです。何が言いたいかというと、ああ言えばこう言う、屁理屈ですね。言葉尻をとらえる、嫌なヤツを演じるのです（笑）。

これをいきなりお子さんが英語でやるのは難しいので、最初は日本語でやってみましょう。コツは、**いちばん最後の言葉（単語）を使って、言葉尻をとらえて会話を続けること**。あくまでもゲームなので、遊び感覚でやってみましょう。ご家庭ではもっと平和な会話にしましょうか。

子「今日の**夕飯**、何？」

母「**カレー**にしようか？」

子「**カレー**はもう飽きたから、**シチュー**がいいな」

母「**シチュー**を作るには材料が**ないのよ**」

子「**ないなら**、スーパーで**買ってこよう**よ」
母「**買ってくる**って言っても、もう**時間がない**よ」
子「**時間がない**なら、車を使えばいいよ」……続く。

　太字部分が、最後の言葉に当たります。必ず最後のほうの言葉から次の会話を始めるのがルールです。イメージとしては、文字ではなく、言葉のしりとりに近いですね。文字通り、言葉尻をとらえて、会話をつなげていくゲームです。これをするとどうなるかというと、最終的に英語のディベートにつながります。

　高校で英語を教えていたとき、「この子は英語のセンスがあるな」「英語が感覚的にわかっているな」という生徒は、英語独特の言葉の流れをとらえるのが上手でした。

　このゲーム、日本語よりも圧倒的に英語のほうがやりやすいんですよ。なぜなら**英語は会話が名詞で終わることが多いから**です。

　先ほどの会話を仮に英語で展開してみるとこんな感じです。

子　"What's for **dinner**?"
母　"How about **curry and rice**?"
子　" Not again. I'd rather have some **stew**."
母　" We don't have **milk**."
子　" We can get some at the **store**."
母　" We don't have **time** (to go to the store)."
子　" Let's use the car to save **time**."
……続く。

言葉の順番を間違えると意味が通じない

　英語は日本語と違って、言葉の位置が決まっています。

　日本語は助詞がある分、語順が変わってもあまり大きな影響はありません。たとえば、

「友だちがお菓子を私にくれた」

「友だちが私にお菓子をくれた」

　どちらでも意味が通じますよね。英語は違います。

　私はこれを「言葉の箱」と呼んでいます。日本語では言葉の箱の順序の入れ替えはかなり自由ですが、英語の言葉の箱には磁石が付いていて、くっつく箱が決まっているイメージです。ですから**順番を間違えると意味が通じなくなってしまいます**。

　頭で考えるより、やってみるほうが早い！　ポイントをまとめます。

・**最初に主語を言ってから、後ろにいくにつれだんだん詳しい説明になる。**

・**会話の最後の言葉（名詞）をとらえて、その言葉から次の会話につなげる。**

・**自分が話すときは、最後の言葉をきっかけに、相手の質問や反論があるという心の準備をする。**

SONOKO先生のワンポイント

最後の言葉から会話を続けてみる練習を！

「ああ言えばこう言う」ゲーム

1

A：I live in Tokyo.　私は東京に住んでいます。

B：Tokyo is a busy city.　東京は慌ただしい都市ですね。

C：But,there are some quiet places in Tokyo, too.
でも、東京には静かな場所もありますよ。

A：Tokyo has many beautiful parks.
東京にはたくさんの美しい公園がありますね。

B：Most parks are free to enter.　ほとんどの公園は無料で入れます。

C：I know, but some restaurants in those parks are expensive.
知ってる、でも公園内のレストランは高価ですよ。

A：You can make your own lunch box and enjoy a picnic there.
お弁当を作って、そこでピクニックを楽しめばいいですね。

2

Aくん：I like spicy noodles.　私は辛い麺が好きなんだ。

Bくん：Me, too. I love "Gekikara" ramen.
私も、"激辛" ラーメンが大好き。

Aくん：What do you mean by Gekikara ?
"Gekikara"（激辛）ってどういう意味？

Bくん：Gekikara means super hot.
"激辛" は、"超辛い" という意味だよ。

Aくん：I think they use a lot of chili.
たくさん唐辛子が使われているんじゃないかな。

That will be too hot for me. 私には辛すぎるかも。

Bくん：Let's try "Chukara" then. それなら"中辛"を試してみたら？
"Chu" means "middle". "Chu" は "中くらい"の意味だよ。

Aくん：OK．Take me to the Ramen shop.
わかった、ラーメン屋さんに連れてって。

会話の出遅れは「文末で解決！」

英会話で出遅れてしまうのは、英語のスタートが遅れてしまったこと以外にも、引っ込み思案などマインドの問題も絡んできます。

英語が多少聴き取れるのに、会話が続かない。次に何を話していいのか、まったく英語が浮かんでこない。間違えてしまうのが恥ずかしくて言葉が出ない。いろいろなケースがあります。どんなケースであってもおすすめしているのが、「語尾に集中」することです。

"What are you going to do **tomorrow?**"（明日、あなたは何をしますか）と聴かれたらまず、太字の "tomorrow?"（明日？）をそのまま繰り返して聴き返す。つまり、**語尾の言葉を繰り返して、繰り返しながら返事を考えるのです。**

その上で、"I will go to Tokyo."（東京に行くつもりです）とか、"I will stay home."（家にいるつもりです）などと短い文で答えます。文末に集中してリズムをつかみ、短いフレーズで答えられれば十分。ここでも文末を強調しておきましょう。

すぐに答えなければいけない、会話を続けなければいけないと焦ると、言葉が出てこなくなってしまいます。語尾の言葉を繰り返している間に、考える時間を自分に与えます。

やってみよう！

・**What is your <u>hobby</u>？**（趣味はなんですか？）

・**<u>Hobby?</u>　I like playing tennis.**

（趣味ですか？　テニスをするのが好きです）

・**What do you usually do <u>after school?</u>**

（放課後はいつも何をしていますか？）

　<u>After school</u>？　I have soccer practice after school.

（放課後ですか？　放課後はサッカーの練習をしています）

・**What are you going to have for <u>lunch</u> today?**

（今日のお昼は何にしますか？）

　<u>Lunch?</u> Well, shall we go to the new ramen shop near the station?

（お昼ですか？　そうですね。駅のそばの新しいラーメン屋に行ってみましょうか？）

　日本語なら「どっちでもいい」と言いたいときにも、決めないと話が進まないのが英語です。また、誤解したまま話が進むと大変です。

　そこで、揚げ足を取るわけではないけれど、相手の言ったことの最後のほうをわざとリピートして、相手の意図を確認すると、誤解を避けられます。

SONOKO先生のワンポイント

語尾に集中して、短いフレーズで答えましょう

憧れの海外進学で
アメリカが第2の故郷に!

　海外業務を手がける父親の影響でもともと英語に興味がありました。公立の高校の外国語科に進学したけれど、これが大正解。英語の授業が週に8時間、日本人の先生も英語が話せる人が多く、ALT（外国語指導助手）の先生が毎日いて、昼休みに会話をしてもらうこともできました。

　思い切ってアメリカの大学への進学希望を出してみたら、小河先生をはじめとした英語の先生たちが面白がって応援してくれ、コミュニティカレッジからUC Davis（カリフォルニア大学デイビス校）に入学!

　そのあともアメリカで就職し、ついに永住権を取得。先日、20年ぶりに日本に帰ってきました。英語を学んだことで人生が大きく広がったと思います。

目指せ!

第 4 章

「読む力・書く力」を育てる

毎日いる場所に「英語のカレンダー」を飾る

英語に慣れるには、英語に触れる機会を増やすこと。「気付かぬうちに英語に触れる機会を増やす」。これができるのが、おうち英語のメリットです。

1つ目が「さりげなく英語のカレンダーを使う」こと。文字を読みたくなる小学生だからこそ、明日からでもやってほしいことです。書店や雑貨屋さんに行くと、英語のカレンダーを購入できます。子どもが好きそうなキャラクターものもあります。やることはカレンダーがそこにあり、予定を書き込む、たったそれだけ。予定はもちろん日本語でOKです。

英語のカレンダーには、月、曜日が書かれています。その文字を日常的に目にするということがいちばんの目的です。

そして小学校高学年以上ならぜひ、「曜日と月の名前を読めて書けるように」しましょう。

「曜日」は神話が教えてくれる

英語の曜日を覚えるのって、大変ではありませんでしたか？ お母さん、お父さん世代も、Wednesday＝ウェドネスデイと覚えた記憶があるのではないでしょうか。

曜日を身近に、もっと覚えやすくなってもらうために、ここで小話を（笑）。実は曜日や月の名前は、神様の名前やローマ神話を語源としているものが多いのです。

> 日曜日：**Sunday**　　太陽の日
>
> 月曜日：**Monday**　　月の日
>
> 火曜日：**Tue<u>s</u>day**　　戦いの神　Tiu（ティゥ）の日
>
> 水曜日：**Wedne<u>s</u>day**　アングロサクソン神話の主神
>
> 　　　　　　　　　　Woden（ウォーダン）の日
>
> 木曜日：**Thur<u>s</u>day**　雷神　Thorr, Thor（トール）の日
>
> ※実は曜日のSは、いわゆる所有格のSです。アングロサ
>
> 　クソンとは英語発祥の文化圏・民族圏の呼び名です。
>
> 金曜日：**Friday**　　豊穣の女神 Freija（フレイヤ）の日
>
> ※女性の場合は、元の語の所有格にSが付かないのだそ
>
> 　うです。
>
> 土曜日：**Saturday**　　農耕の神 Saturn（サターン）の日

　曜日の語源には諸説ありますが、ここでは、英語学者の朝尾幸次郎先生の説を簡略化してお伝えしています（『社会人のための英語の世界ハンドブック』（大修館書店）より）。

　子どもが曜日の名前に興味を持ったタイミングで一緒に調べてあげるといいですね。

英語の「月」の名前を身近なものに

次は月の名前のお話をしましょう。※月の語源には諸説あります。

> 1月：**January**　　ローマ神話の未来と過去を見る神「**Janus**
>
> 　　　　　　　　（ヤヌス）」が由来
>
> 2月：**February**　ローマ神話の浄めの祭り「Fabruaria
>
> 　　　　　　　　（ファブルアーリア）」が由来

3月：March　古代ローマの軍神である「Mars(マルス)」が由来

4月：April　ラテン語では開花の月 Aprilis. ギリシャ神話の女神「Aphrodite(アフロディーテ)」に捧げる月とも言われます

5月：May　ローマ神話に登場する女神「Maia(マイア)」が由来

6月：June　ローマ神話の主神である「Jupiter(ユピテル)」の妻「Juno(ユノ)」が由来。Juno は結婚生活の守護神で、ジューンブライドはここから来ています

7月：July　ローマの英雄「Julius Caesar(ジュリアス・シーザー)」が由来

8月：August　初代ローマの皇帝「Gaius Octavianus(ガイウス・オクタヴィアヌス)」の称号「Augustus(アウグストゥス)」が由来

9月：September　ラテン語で「7番目の月」を意味する「Septem」が由来

10月：October　9月と同様、ラテン語で「8番目の月」を意味する「Octo」が由来

　※ octopus(＝たこ) の足は8本ですね。

11月：November　ラテン語で「9番目の月」を意味する「Novem」が由来

12月：December　ラテン語で「10番目の月」を意味する「Decem」が由来

初期の暦は雪解けの3月から始まっていて、冬の時季は細分化されていませんでした。しかし、それでは効率が悪くなり、1月、2月が後からつけられたと言われています。2月は、28日になったり29日（うるう年）になったりしますね。これは、いちばん最後にあたる2月で調整しているということです。またFebruaryには、灰を払う意味もあり、当時の暦による年末の大掃除をする時期。そして3月からスタートするという考え方。

しかし、ローマの英雄ユリウス・カエサル（英語の読みはジュリアス・シーザー）がユリウス暦を作ったとき、神様や女神様にちなむ名前が続いた後に、7月はジュリアス、8月は盟友アウグストゥスにちなんでみた気持ちもわからなくはありません。そして以後の権力抗争の中でズレた数字がそのまま残ったのかもしれない、と想像すると、英語の月の名前が急に身近なものに感じられます。これはあくまで、一人の英語好き、歴史好きの見解です。

なぜこんな話をするかというと、**中学生以降、暗記や文法が入って、英語が"お勉強"になり、英語嫌いになってしまうお子さんがいます**。でも、雑学も交えて英語と触れ合っておくと、英語に人間味を感じて、親しみやすくなりますよ。

SONOKO先生のワンポイント

意味や歴史などの雑学をまじえると、英語が身近で楽しくなります♪

「紛らわしい文字」に
気を付ける

　小学校の英語の教科書にも5年生からはアルファベットの文字が登場します。「文字としての英語」に触れる時期に気を付けたいのが、紛らわしい文字についてです。

　たとえば

m／n

g／p／q

b／d

　文字が右を向いたり左向いたり、線が1本多かったり少なかったり。何か文字を写して書くときに、今から気を付けておきましょう。**このあたりを適当にやり過ごしてしまうと、後で大混乱の元になります。**

　漢字を何回も書く練習をしているうちに書けるようになるのと同じです。お母さん、お父さんから見て、「この子はローマ字を正しく書くのが苦手かな？」と感じたら、さりげなく気を付けてあげましょう。何か覚えやすいようなストーリーを考えてあげてもいいですね。たとえば「dog」で「dogの"g"は犬にしっぽがついているみたいだね」とか、「qと数字の"9（きゅう）"は似ているね」、「左手でOKマークを作ると"b"、右手でOKマークを作ると"d"だよ」などなど。

　一文字ずつ違いを認識するよりも、短い単語の中で、違いを知るとわかりやすいようです。1つの単語の中に、紛らわしい文字が混じっているものを練習するのもおすすめです。

書いてみよう！

monkey（猿）　　　name（名前）　　　man（人、男性）

group（グループ）　gap（ギャップ、差）　penguin（ペンギン）

baby（赤ちゃん）　　dog（犬）　　　　　panda（パンダ）

queen（女王）　　　question（質問）　　daughter（娘）

SONOKO先生のワンポイント

紛らわしい文字はそのままにしないで、短い単語の中で覚える

国の名前を5つ、
英語とカタカナで比べる

　突然ですが、「オーストラリア」を英語で書けますか？

　オーストラリアはAustraliaと書きます。「オー」なのに「Au」となる。これが、小学生を大混乱させます。

　小学校の英語では国名を書くことがあります。ある小学校の英語の授業を見学したとき、「オーストラリア」という答えを書く場面で、解答欄には「Oostralia」とか「Oustlaria」とか、実に10種類くらいのさまざまな「オーストラリア」の綴りが書かれていました（笑）。

　小学校の英語の授業では、「正しい形は示すものの、直すことまではしない」という方針が多く用いられています。つまり、綴りが間違っていても、それを指摘し、直すことはしないのです。でも同じことを中学校でしたら、直されるどころか、×になってしまいます。子どもが「なぜ×なのか」と思っても、「そういう綴りだから。間違いだから×だよ」ということになってしまいます。でも、96ページで紹介したように、英語のカレンダーで"August"を知っていれば、「Au」＝「オー」が頭に入りやすいですね。

　国の名前を一度に全部覚えるのは無理があります。かといって、自己流のまま中学に入学するのは危ないので、できれば**国の名前を5つ、覚えておきましょう。英語とカタカナを比べてみると面白いですね。**

> **Australia　オーストラリア**（オーストラリア連邦）。「Au」に注目するほか、「r」と「l」を逆にしないように注意。
>
> **Canada　カナダ**。Kanadaにしないように注意。綴り通りで比較的わかりやすい。
>
> **India　インド**（インド共和国）。インディアと読みます。
>
> **Egypt　エジプト**。読み方はイージプトのようになります。
>
> **Germany　ドイツ**（ドイツ連邦共和国）。Deutschland（旧地名）を元にしたカタカナ表記とまったく違います。「ゲルマン」に由来しています。

　ちなみに高校生にとっても国名は盲点で、**英語ができる生徒でもリスニングテストでは国名でつまずくことがあります**。国名が聴き取れないと、何の話をしているのかわからなくなります。たとえばオランダは現代英語では「Netherlands」です。なぜオランダとカタカナで書くかというと、別の呼び方のHollandから来ているのです。またスイスは国名は「Switzerland」、スイス人が「Swiss」です。このように国名は、日本に最初に伝わったときの名残があるカタカナ表記と、英語の綴り、そして音が一致しないことがあります。

　小学校の英語では国の名前はよく出てきますので、違いを知っておくといいですね。

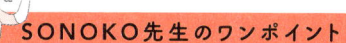

SONOKO先生のワンポイント

国名の綴りを知っておくと役に立つ

「アイスクリームの味の ルーツ」を探せ！

国名の次は、アイスクリームのフレーバー(味) です。これも、言葉の探検としておすすめです。たとえばピスタチオは、なんとペルシャ語の「ペステ」が語源。それが輸入品としてヨーロッパに入ってきました。

それからブルーベリーやストロベリー、ラズベリーなどのベリーは、「ベリー」の左側に何が来るかで種類が決まりますね。これは日本語に似ています。「○○みかん」「○○いちご」などがそうですよね。

子どもたちの英語のハードルを下げたいのです。「なーんだ、英語って難しいと思っていたけど、そんなことないじゃん」と。子どもが大好きなアイスクリームのフレーバー名の小ネタをいくつか紹介しておきますので、ぜひおいしいアイスを食べながら、教えてあげてくださいね。

・**popping shower®**（ポッピングシャワー）

ルーツを想像してみると Shower という単語はベビーシャワー、ライスシャワーなどお祝いごとに使われます。そこから想像すると、popping は「はじける」という意味なので、楽しい気持ちをシャワーのように浴びる、幸せを分け合うというような意味があるのかもしれませんね。

※POPPING SHOWER は B-R サーティワン株式会社の登録商標です。

- **vanilla**（バニラ）

  真ん中の「ニ」を強く読みます。スペイン語で「小さなさや」という意味のvainillaが由来のようです。

- **marble ice**（マーブルアイス）

  じつはmarbleは「大理石」という意味。マーブルのうずまき模様は、大理石の美しい模様からきています。

- **Berry Berry Berry Good**

  3種のberry味という意味とvery good（とても良い）をかけています。

※Berry Berry Berry GoodはCOLD STONE CREAMERY（株式会社ホットランド）の商品です。

SONOKO先生のワンポイント

アイスクリームなど、子どもが好きなもので言葉の探検を！

自分の名前を
「筆記体」で書いてみる

　今、中学校で筆記体を教えなくなったのをご存じでしょうか。筆記体を習っていたのは、だいたい昭和生まれの世代までです。おそらく、筆記体を教える時間がないことや、先生がテストを採点したり、文字をチェックしたりするのに読み取りにくいことなどが理由でしょう。

　声を大にして言いたいのですが、筆記体を知らないのはとてももったいないこと！　筆記体を書けるようになったら、すごくカッコいいのに、と私は思っています。

　まずは自分の名前を筆記体で書いてみましょう。おしゃれでカッコよくて、気分が絶対に上がります！

　実はアメリカでは筆記体の復興運動が起きています。**アメリカ人でもすでに筆記体を書けない人のほうが多いのですが、このまますたれさせてはもったいないという動きが出ている**のです。

　筆記体は本来、文字をつないで速く書くためのもの、英語を書きやすくするためのものですが、サラサラッと自分の名前をサインできたら、「おお！」となるはずです（笑）。

　お子さんにはぜひ楽しんで筆記体を書いてほしいので、"お勉強"や"練習"にならないようにしてあげてください。

　英語を学校で習い始めたとき、ブロック体の文字を書くのが嫌になってしまうこともあるでしょう。でも子どもって視点を変えると急に面白くなって、やり出すことがありますよ

ね。筆記体はそのきっかけにもなります。

カッコいい筆記体をまねしてみる

　大文字については飾り文字のようなものから、簡略化されたものまで各種あります。

　スティーブ・ジョブズも書体にこだわったそうですから、**文章作成ファイルのフォントをいろいろと変えてみて、カッコいいな、と思うのをいくつか手書きでまねしてみるのもいいでしょう。**

　なお、英語文字指導については、手島良先生の本（『これからの英語の文字指導——書きやすく　読みやすく』／研究社）などが定説となっています。

　ここでは、一つの文化としての英語の筆記体についてご紹介しました。

　余談ですが、英語のサイン。どうやって見分けるのかな？と思っていました。あるとき、荷物を預けるクロークで何気なく、Sonoko Ogawa とサインをしました。引き取るときにもサインを求められ、筆記体で Sonoko Ogawa とサインをしました。「Sの形が違います」と言われてハッとしました。「顔を覚えていますよ」と許してもらえましたが、以後気を付けるようにしています。

SONOKO先生のワンポイント

楽しんで筆記体を書いてみよう

筆記体を書こう！

A a	B b	C c	D d
E e	F f	G g	H h
I i	J j	K k	L l
M m	N n	O o	P p
Q q	R r	S s	T t
U u	V v	W w	X x
Y y	Z z		

問： May I open the window ?
答： Yes, you may open the window.
問： What date is this ?
答： It's December 30.
問： How many months are there in a year ?
答： There are twelve months in a year.
問： What day is this ?
答： It's Sunday.
問： How is the weather today ?
答： It's cloudy today.

著者の小学校 6 年生時のノートより

親子で読みたい英語の名作～ピーターラビットからハリーポッターまで～

　「英検のテキストを読みたい！」という子はまずいません（笑）。英語は、楽しめるもののほうが頭に入るのは、言うまでもありません。ここでは絵が多くお子さんにも読みやすい英語の本を紹介します。なお、絵本だけでなく、YouTube上の個人の読み上げサイトなどを活用する方法も。

【ネット動画を活用する際のポイント】

　ロングセラーになるとたくさんの類似品があります。ネイティブの先生が読み上げていて口の動きがわかるもの、日本語の訳が付いているもの、ドイツ語や中国語の訳が付いているものもあります。効果音もさまざま。目安として再生数が1万を超えている中で、好みに合うものを選べばよいと思います。ただし検索で上位にあるものでも、急いで字幕を付けたと思われるものもあります。たとえば、「a children」などと間違ったテロップが付いているものも（正しくは、a child か children）。ネット上の素材を利用するときには、「ちょっと変だな」と思ったら必ず別のサイトでもダブルチェック（double check）してみることが大切です。

　なお、YouTube Kids を活用すると、親がアカウントをコントロールできるので安心です。

やさしく、英語の自信がつく本

1 "The Very Hungry Caterpillar" by Eric Carle

- 日本でもおなじみの『はらぺこあおむし』。カラフルなイラストとシンプルなストーリーで、英語初心者にもぴったりです。
- 数、曜日、食べ物の名前、など身近な表現が繰り返し出てくるので自然に学べます。
- 文字に興味が出てきたら、文字で書くことを手伝いましょう。

2 "Brown Bear, Brown Bear, What Do You See?" by Bill Martin Jr. and Eric Carle

- 繰り返しのフレーズが子どもに楽しく、英語を学ばせるのに役立ちます。
- 動物の名前、色、動作の表現などが繰り返し出てくるので自然に学べます。
- なんと、SVOC の構文がすんなりと耳から学べ、読む力の基礎になります。

  ※Lolli Pop Animated Book（YouTube チャンネル）に収録……効果音付き、音声クリア、文字も付いています。

3 "Elephant & Piggie" シリーズ　by Mo Willems

- 2 人のキャラクター、エレファント（ジェラルド）とピギーが主役。それぞれのセリフが交互に登場し、親子で分担しながら楽しく読めます。

  ※Storytime Read Aloud（YouTube チャンネル）に収録……文字が見やすく、まねしやすい。

4 "Who Sees Who at the Zoo ？ " by Patricia Lacey

- アメリカで読み聞かせの本として人気です。

5 "The Rainbow Fish"　by Marcus Phisher

『虹色のさかな』

● 高いストーリー性で最後まで内容が気になります。

※My bedtime stories（YouTube チャンネル）に収録……アニメーション
のクオリティが高い。
※成長していく子どもたちの心の揺らぎにも寄り添えます。

6 "Where the Wild Things Are"
by Maurice Sendak

● 想像力を刺激する冒険ストーリーで、子どもたちに人気です。

※YouTube 上の個人の読み上げサイト Kalin Production などに収録。
字幕を付ける機能を使えます。字幕機能はたまに間違いもあるので、
徹底するなら日本語と英語の本をそろえて、さらに YouTube から音
声を聞くと効果的です。

7 "The Giving Tree"　by Shel Silverstein

※Animated Children's books で、アメリカ国内向けのものを視聴
できます。同じ作者の『ぼくを探しに』もおすすめです。
※お母さんの心も癒せる本。

【注意】ご紹介した You Tube チャンネルは、2024 年 10 月時点の情報です。
内容の変更や、有料化されている場合もあります。

tips
027

「英検」は
読み書きの後でOK

　単語を覚えたり、英会話を少しずつ始めると気になるのが英検のこと。まず一つ言えることは、**焦らなくても大丈夫、ということ**です。英検の取得を少しでも効率よく進めたいのなら、この本でお話ししてきたことを丁寧にやっていけばOK！　みなさんが気になる級数ですが、小学生で、なおかつお子さんが興味があるようなら、**小学5年生で5級、6年生で4級からスタートするのが一つの目安**。その後、中学1年生で3級の取得を推奨します。早くても小学校6年生で3級までが無理のない範囲でしょう。

　どうしてこんなにゆっくりなのかというと、**3級以上になると自分で文章を書く、つまり文法が入ってくる**からです。3級以上は、文字や文法がある程度わかっている前提で組み立てられているため、無理にやらせると英語が嫌いになるリスクも。それ以上進むのは、お子さん自身が「やりたい」と言ったら、でOKです。

　それ以降は、中学2年生で準2級、中学3年生で2級（中2で3級なら中3で準2級、高1で2級）が目安です。3級から2級にかけては、覚えるべき単語がさらに増えていくのでどんどん単語数を増やして達成感をつけていきましょう。

英検よりも「英語に慣れる」のが先

英検にこだわりすぎると、その枠の中での「対策」になり、かえって視野をせばめてしまうこともあります。

なによりも、**英語に慣れることが最優先**なのです。

図鑑などに出てくる動物の分類では、哺乳類はmammalといい、英検2級以上の単語とされます。『ハリー・ポッター』で出てくる一角獣unicorn(ユニコーン)は、準1級以上とされます。もしも、英検3級の問題集だけをやっていたら、こうした単語との出会いは後回しになります。逆に、子どもの自然な好奇心にまかせていたら、単語力はぐんぐんと付くのです。

もちろん、この本で紹介しているようなインプット(聴く・読む)とアウトプット(話す・書く)の機会を工夫する環境整備がうまくいって、本人の吸収力の伸びにうまくハマれば、小学校で準1級が可能であるケースは実際にあります。

だからといって、まだ文字もよくわからないのに、英検だけを追いかけると、親子ともに疲れてしまいます。ここは急がば回れ！　まずは音に慣れ、さまざまな文字に出会い、音と文字と表現がうまくつながると楽しくなっていくでしょう。

SONOKO先生のワンポイント

英検にこだわりすぎない、焦らない

「読み聞かせ」期を
過ぎたら「自分で読む」へ

　お子さんが小さいときなら、英語の絵本を読み聞かせした
り、一緒に動画を見たりすることができます。でも小学生以
上になったら話は別です。「もう、そんな時期は過ぎました」
「今さら読み聞かせなんてできません」など、もう読み聞か
せモードではない、お子さん本人が嫌がる、というご家庭も
あるでしょう。

　そうなったらどうしたらいいのでしょうか。結論から言う
と、**わかるところから自力で読むことです**。つまり、英語が
わかるところをお子さん自身で読み、それをお母さん、お父
さんがモニターするのです。お子さんが読むことができたら
「読めたね、すごいね」とほめてあげてください。つっかえた
り、読めなかったりしたところは、「よく聴こえなかったか
らもう1回読んでみて」などと言って再チャレンジ。このと
き、**くれぐれもしつこくダメ出ししたり、正しく読むことを
求めたりしないでくださいね**。

　実はこの「わかるところから自力で」というのは、何歳に
なっても可能です。

　英語の多読プログラムというものがあるのをご存じでしょ
うか。英語を英語で理解するために、理解できるものを自力
で読むメソッドです。これは大人でも効果的な方法です。

　レベルに合わせてできるので、社会人が英語の絵本からス
タートしてもいいわけです。子どもも同じで、とにかく自力

で読むことで語数を増やしていきます。そうして少しずつ、わかる英語の単語やフレーズが増えていくのです。コツコツ「英語貯金」をするようなイメージですね。

　ご家庭でもこのやり方を取り入れて、ぜひお子さん自身が自分で読む機会を増やしてあげてくださいね。公共の図書館でも英語の絵本や本の蔵書が増えていますよ。リクエストしてもいいですね。

　さらにレベルアップしたい場合は、以下のオックスフォード大学出版局のレベル別リーダー教材がおすすめです。

https://www.oupjapan.co.jp/（オックスフォード ユニバーシティ プレス）

 **SONOKO先生のワンポイント**

多読で「英語貯金」を増やそう！

部活もあきらめず、
オックスフォード大学へ

　中2のとき、住んでいる自治体のオーストリア短期留学に参加しました。準備のためにがんばって英検3級、高校受験前に2級にも挑戦して合格しました。

　高校は海外派遣に積極的な学校を選びました。高校ではサッカー部に所属し文武両道の日々の中、高1から高2の春休みに学校のイギリス短期派遣でホームステイがかなったのです。とても楽しかったし、イギリスの実験や討論を重視した学び方が気に入って、長期派遣にも挑戦することにしました。「好きな科目が得意なら大丈夫！」と先生に背中を押してもらえたことも、自信につながりました。

　留学後、最初は英語に苦労したけれど、先生のアドバイスのように、得意な数学を生かし徐々に成績アップ。無事にオックスフォード大の面接にたどり着くことができました。面接では流暢に話すことよりも誠実さが重視され、かつ瞬発力も発揮でき、合格！

　コロナ禍に大学院まで進み、現地で日系企業の採用面接を受け、米国拠点でエンジニアとして採用。

　専門の話は話せるのですが、いまだに雑談が苦手です。それでも大きな不便はなく、重要な仕事を任されるまでに成長できました。

第 5 章

実体験を通して
「マインド」を
育てる

tips 029

公園や旅先で
「海外の友だち」を作ろう

　おうち英語を使いこなすのに大切な要素が「マインド」です。テレビ番組でお笑いタレントの出川哲朗さんが話している、いわゆる「出川イングリッシュ」が通じるのも、出川さんの物怖じしないマインドが大きな理由ではないでしょうか。**「通じないかも」と遠慮したり、間違ったらどうしようと不安になったりしていては、コミュニケーションは取れません。**

　今や街を歩けば全国どこにでも海外の旅行客や留学生など外国人がいます。家族で出かけたときなどでいいので、ぜひ話しかけてみましょう。そしてできれば一時のこととして終わらせず、海外の知り合いや友だちを作りましょう。

　物怖じせずに話しかけるコツは、簡単なフレーズをあらかじめ子どもに教えておくこと。話しかけるときはできれば親などの大人が近くにいてあげましょう。これは話しかけられた相手の表情を読み取るためでもあります。つまり、迷惑がっていないかを見てあげるのです。その上で少し話せそうだったら、どこか近くのベンチなどに座って交流できるところまでいけたらベスト！　子どもにとっては「自分の言葉（思い）が通じた」という成功体験になります。

5歳児がロンドンタクシーを停めちゃった？

　余談ですが、かつて私が長期の海外出張でロンドンにいた

とき、夫と5歳の息子が会いに来たことがあります。レストランで食事をしたら、先に息子が店を出てしまったんです。驚いて外に出るとなんと、5歳児がタクシーを停めているではありませんか。息子は英語は話せませんでしたが、"Hey, Taxi!!"と言ったら、停まっちゃった（笑）。停まるほうも停まるほうですが、動作や自信に満ちた落ち着きが、"英語が話せる子"に見えてしまったのでしょう。

何が言いたいかというと、**「自分の言葉は通じる」「自分の言葉には力がある」と信じていると、相手に伝わる**ということです。息子にはオレンジジュースの頼み方"Orange juice, please."と、トイレの行き方"Where is the bathroom?"だけ自分で言えるように教えていました。それが何回か通じたのが自信になって"Hey, Taxi!!"につながったのだと思います。

ただ挨拶をするだけでもいい、一言でも自分の言葉が相手にちゃんと伝わった、あるいは練習していたフレーズを実際に使ったら、笑顔が返ってきた。こういう経験を、ぜひ小学生のうちにしてほしいのです。

英語の実力はともかく、子どもは大人よりずっと言葉の壁が低く、きっかけさえあれば、楽しくコミュニケーションを取ることができます。話しかけられる外国人にとっても、相手が子どものほうが、心を許しやすいメリットもあります。

SONOKO先生のワンポイント

一言でも自分の英語が通じた経験を！

外国人に話しかけるときのおすすめフレーズ

時間がありそうな外国人がいたら

- Hi, how are you?
- Hello, do you have a minute?

  お時間ありますか？

困っていそうな外国人がいたら

- May I help you?
- Excuse me.
  Are you looking for something?

  すみません、何かお探しですか？

旅行客に

- Where are you from ?

  どちらから来られたんですか？

- How do you like Japan?

  日本はいかがですか？

自己紹介をするとき

- My name is○○.　私の名前は○○です

上手な話しかけ方、友だちの作り方

　上手な話しかけ方、友だちの作り方はTOYAさんという英会話の達人がインスタグラムやスレッドで紹介しています。

　話しかける相手の状況をよく観察し、リスペクトをもってアプローチするのが鉄則です。ここに少し紹介しておきましょう。

　TOYAさんのプログラムで、6歳のお子さんのチャレンジを見守ったというX(旧Twitter)名「しょうご」さん。しょうごさんが大事にしたことは、「子どもが英語に関心を持ち始めたタイミング」でした。子どもが英語にチャレンジし始めてからは、関心のあることを積極的・主体的に調べ始めたそうです。

　また、X名「たらお3.0」さんの「おうち英語」で見習いたいのは、**相手を英会話の練習相手としてではなく、同年代のお友だちとして関わっていく姿勢**です。

　とってもパワフルなのはX名のLizさん親子。とにかく英語のドラマを何回もリピート。画面に興味を持ち出したのは2才くらいで1回10分が目安。就学前は2時間くらい（朝30分、帰宅後1時間、夜30分）、小学校高学年になると1時間くらい、リアル英会話をより滑らかに自然にするために「海外ドラマ（英語）」を活用したそうです。

「英語ってカッコいい！」のマインドで

　本書でもずっとお話ししてきたことですが、**英語を話すのは「カッコいい！」という気持ちをぜひ育ててほしい**と思います。英語の歌や映画のフレーズを上手に言えた、筆記体を書けた、「カッコいい！」は自意識が育ち始めた子どもには効果バツグン！

　英語ではこれを“Cool！”といいます。「イケてる！」のようなニュアンスです。

　英語を使って海外で勝負している憧れの日本人がいると、「英語を続ける」「挑戦し続ける」マインドにつながるかもしれません。そうした人のSNSをフォローしたり、You Tubeなどの動画サイトを見たりしてモチベーションを高めてもいいですね。

　何歳であっても、最初は英語がまったく話せなくても挑戦する大人の姿は、子どもたちの希望になるでしょう。

好きな分野を極めるために海外で勝負

　今、やりたいことがわからない子どもが増えています。好きなことを見つけることができない子どももたくさんいます。親はつい、「将来それで食べていけるのか」などといったことを気にしてしまいがちですが、**やりたいことがあり、突き上げるような気持ちがあったとき、そこに「英語が使える」**

という武器があれば、活躍の場は世界に広がります。逆に、今やりたいことが見つからなくても、「英語」があれば、そこに可能性を見出すこともできるでしょう。

　子どもと一緒に職業体験ができる商業施設などに行き、将来の仕事について話しながら、「英語が話せたらどうなる？」「この仕事、海外でできるかな」などと話し合い、将来のイメージを持つのもおすすめですよ。

英語圏で活躍している人

ONE OK ROCK の Taka さん（ミュージシャン）

渡辺直美さん（お笑い芸人）

山下智久さん（俳優）

渡辺謙さん（俳優）

真田広之さん（俳優、映画プロデューサー）

近藤麻理恵さん（起業家・片付けコンサルタント）

カズ・ヒロさん
（メイクアップアーティスト。アカデミー賞でメイクアップ＆ヘアスタイリング賞を2回受賞）

長谷川ミラさん（ファッションモデル・女優）

SONOKO先生のワンポイント

英語を話せるカッコいい大人を目指そう！

"I'm OK" "You are OK"の本当の意味

　前項で「英語を続ける」マインドのお話をしましたが、これは、**英語学習を長続きさせるという意味だけでなく、異文化との付き合いも長続きさせてほしい**という意味も込めています。

　英語では、激しい言葉のやり取りをすることが少なくありません。言い換えれば、英語には本音でぶっちゃける性質があります。だからこそ、**あえてお互いのことを認めあおうとする文化が、とくに米国にはある**のです。

　その象徴的な言葉が、"I'm OK" "You are OK"です。

「私は怪しいものではありません」の意思表示

　文化の多様性というものは、どんなに自分と違っていても相手を受け入れるということです。そうかといって、相手を認めて自分を押し殺してまで相手に合わせるということではありません。自分は自分、あなたはあなたというマインドです。それが"I'm OK"（私は大丈夫）"You are OK"（あなたも大丈夫）なのです。

　英語の会話はまず、この"I'm OK" "You are OK"の前提作りで始まります。

　たとえば、エレベーターなどで外国人の方と居合せたとき、何も知らない人なのにニコッとスマイルされて"Hi！"など

と挨拶されてびっくりした経験はありませんか？

　これも文化の一つで、「アメリカ人は気さくだ」とか「フレンドリーだ」などと言われます。実はその深い意味は、「私は怪しいものではありません」「あなたもそうですよね？」ということなのではないかと思います。

　つまり、"I'm OK"（私は大丈夫）"You are OK"（あなたも大丈夫）でありたいという願望が根底にあるのです。だから「大丈夫だよね？」と必要以上に確認します。

　それに対して日本人同士では、エレベーターで知らない人に挨拶をすることは、まずありませんよね。日本人は仲がいい人（知人）とそうでない人を区別します。

　子どもにはどこまで伝えるかですが、英語という「言葉」についてだけではなく、**文化の違いも伝えてあげると、興味が長続きする**のではないでしょうか。

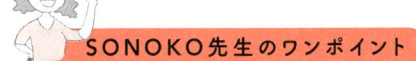

SONOKO先生のワンポイント

英語にまつわる背景をわかりやすく伝える

有名人の言葉に学ぶポジティブマインド

I'mOK、You'reOK といった英語独特のポジティブなマインドは、有名人の名言からも学ぶことができます。いくつか紹介しますので、ぜひお子さんにも教えてあげてください。
そして、英語を学ぶなかで迷ったり悩んだりしたときに元気が出てくる言葉として、心に留めておいていただけたらと思います。

Walt Disney（ウォルト・ディズニー）

"All our dreams can come true, if we have the courage to pursue them."

夢を追い求める勇気さえあれば、すべての夢は叶う。

Mahatma Gandhi（マハートマー・ガンジー）

"Be the change that you wish to see in the world."

あなたがこの世界に望む変化に、あなた自身がなりなさい。

Steve Jobs（スティーブ・ジョブズ）

"Your time is limited, so don't waste it living someone else's life."

あなたの時間は限られている。
他人の人生を生きることで無駄にしてはいけない。

Emma Watson（エマ・ワトソン）

"Don't let anyone tell you what you can and can't do or achieve. Do what you want to do and be who you want to be."

誰にも、何ができるか、できないかを言わせないで。
自分がやりたいことをやり、自分がなりたい自分になりなさい。

Leonardo DiCaprio（レオナルド・ディカプリオ）

"If you can do what you do best and be happy, you're further along in life than most people."

自分の得意なことをして幸せを感じられるなら、
多くの人よりも人生で先に進んでいる。

Beyoncé（ビヨンセ）

"The reality is: sometimes you lose. And you're never too good to lose. You're never too big to lose. You're never too smart to lose. It happens."

現実はこうだ。時には負けることもある。負けないほど良いわけでも、
大きいわけでも、賢いわけでもない。負けることは誰にでもある。

Lady Gaga（レディ・ガガ）

"Don't you ever let a soul in the world tell you that you can't be exactly who you are."

誰かがあなたに「あなたらしくあってはいけない」と
言うことを決して許してはいけない。

Keanu Reeves（キアヌ・リーブス）

"Sometimes simple things are the most difficult things to achieve."

シンプルなことが最も達成しにくいこともある。

Confucius（孔子）

"It does not matter how slowly you go as long as you do not stop."

進む速度は関係ない。止まらない限りは。

有名人の言葉に学ぶポジティブマインド

Nelson Mandela（ネルソン・マンデラ）

"Education is the most powerful weapon which you can use to change the world."

教育は世界を変える最も強力な武器である。

Eleanor Roosevelt（エレノア・ルーズベルト）

元アメリカ大統領夫人

"The future belongs to those who believe in the beauty of their dreams."

未来は、自分の夢の美しさを信じる人たちに属する。

Dr. Seuss（ドクター・スース）

全世界に影響を与えた育児書の著者

"The more that you read, the more things you will know. The more that you learn, the more places you'll go."

読むほどに多くを知り、学ぶほどに多くの場所に行ける。

Martin Luther King Jr.

（マーティン・ルーサー・キング・ジュニア）

"The time is always right to do what is right."

正しいことをしようと思うなら、そのときが正しいときです。

Albert Einstein（アルベルト・アインシュタイン）

"In the middle of difficulty lies opportunity."

困難の中に、チャンスがある。

Helen Keller（ヘレン・ケラー）

"The only thing worse than being blind is having sight but no vision."

盲目であることよりも悪いのは、視力があるのにビジョンがないことだ。

Oprah Winfrey（オプラ・ウィンフリー）

"The biggest adventure you can take is to live the life of your dreams."

最大の冒険は、自分の夢の人生を生きること。

Will Smith（ウィル・スミス）

"The first step is you have to say that you can."

最初の一歩は、自分にできると言うことだ。

Taylor Swift（テイラー・スウィフト）

"No matter what happens in life, be good to people. Being good to people is a wonderful legacy to leave behind."

人生で何が起こっても、人に優しくしなさい。
優しくすることは素晴らしい遺産になる。

Robert Downey Jr.（ロバート・ダウニー・ジュニア）

"Listen, smile, agree, and then do whatever you were gonna do anyway."

聞いて、笑って、同意して、それから自分がやろうとしていたことをやりなさい。

Denzel Washington（デンゼル・ワシントン）

"Dreams without goals remain dreams."

目標のない夢は、ただの夢に過ぎない。

「ありがとう」と 「ごめんなさい」は 省略しないで

「ありがとう」「ごめんなさい」は、日本語でもちゃんと伝えたいものです。

英語も同じで、とくに「Thank you（ありがとう）」はよく言います。Thank youのあとに「for○○」を加えると、「○○してくれてありがとう」になります。いろいろな名詞（または動名詞〜ing）を加えて、日常生活の中で使ってみましょう。

Thank you for your letter.（手紙をありがとうございます）

Thank you for the cake.（ケーキをありがとうございます）

Thank you for telling me.（教えてくれてありがとうございます）

Thank you for coming.（来てくれてありがとうございます）

Thank you for being you.（あなたでいてくれてありがとう）

「あなたでいてくれてありがとう」なんて、むずがゆくなるようなフレーズですが、どういうときに使うかというと、相手のいろいろな面が見えてきて欠点や弱点もあるけれど丸ごと受け入れたい、受け入れている、そういう共感がわいたときです。行事ごとの片付けのときなどに、ポロっと出てくるフレーズだったりします。

それに対して「ごめんなさい」は、英語圏では過ちを認めたことになるからあまり言わないとか、いろいろな指摘はありますが、**やはり本当に謝らなければならないときには率直**

に伝えます。

　"I'm so sorry." などと感情豊かに表現したり、相手を思いやって "I hope you're all right."（大丈夫だといいね）などの声かけがあります。

　思春期の入口である小学校高学年にもなると、だんだん家でも学校でも「ありがとう」「ごめんなさい」を言わなくなり、なんとなく雰囲気でごまかしたり省略したりすることがあるかもしれません。**あえて英語で紹介したのは、日本語でも英語でも、しっかり言葉にして伝えてほしいから**です。

　「ありがとう」「ごめんなさい」は家庭でも親子で伝え合いたい言葉ですが、どうしても恥ずかしい場合は、"Thank you for〜"（ありがとう）, "You are welcome"（どういたしまして）や "I'm so sorry."（ごめんなさい）, "That's OK"（大丈夫です）などと英語で伝え合ってみてはいかがでしょうか。

SONOKO先生のワンポイント

日本語も英語も、伝えるべき大切な言葉は同じ

tips 033 「わからない」と言うのが大切

「わからない」も、「ありがとう」「ごめんなさい」と同じです。

英語でも日本語でも「わからない」と言える環境が大切だと思います。「わからない」というのはどういうことかというと、相手と自分に"ずれ"があるということです。

英語を使うとき、"わからない"ことは、きっと山ほど出てくるでしょう。それを**適当に流したり、わかったふりをしたりしないことがとても重要です。**

大切なのは、**相手とのずれや、ちょっとした違和感を、「わからない」と言葉で示すこと**です。

"I don't know"（知りません）だけではなく、"I'm not sure, but I think…"（確信はありませんが～と思います）とその時点でわかることを言えるかどうかもマインドとしては大切です。

質問できるマインドを作る

そして、わからなければ質問するのも大切なマインド。子どものうちはたくさん質問してくることもあるでしょう。

質問をするなら、まずは日本語でOK。

わからなければ、お店の人や近所の人に「リアルで」質問してみましょう。質問するには何がわからないかわからないといけないので、かなり知的な作業です（英語での質問の仕方

については第7章でくわしくお伝えします）。わからないことが出てきたら、質問できる絶好の機会なのです。

　そして、対応する大人は、その質問にできるだけ真剣に答えてあげてください。

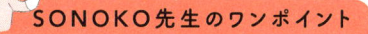
SONOKO先生のワンポイント

「わからない」ときは質問できるチャンス！

"お願い"も"謝罪"も
しっかり理由を説明する

　ここでは、お子さんに「日本語」でやっておいてほしいことのお話をします。

　お子さんがお母さん、お父さんにお願いをするときがありますね。

　「お母さんお願い！　○○買って」と言われたら、必ず「どうして？」などと、その理由を問い、子どもが説明できるようにしてください。もちろん、日本語でかまいません。むしろ、**日常生活の中で「理由」を述べるクセを付けておいたほうがいい**でしょう。

　なぜかというと、論理性を身に付けるためです。

　これに加えてもう一つ、**「謝罪をするときは状況を詳しく説明する」クセを付けさせてほしい**のです。

　厳しいことをあえて言いますが、英語では、いくら"頭を下げて"も、"かわいそうな様子を演じて"も、話を聴いてもらえるとは限りません。

「理由」を述べる大切さ

　私自身も大人になってから苦い経験をしたことがあります。ロンドンにいたとき、大切な約束に遅刻をしてしまい、ネイティブの先生にご迷惑をかけ、謝罪をしたことがあります。

　そのとき、どんなに平謝りをして「申し訳ない」という気

持ちを表現しても、日本人同士のようにその気持ちがそのまま伝わるわけではないことを学んだのです。

どうしたかというと、日本語にすれば"言い訳"と言われても仕方がないほど状況を詳しく説明したのです。
「ロンドンの地下鉄でストライキをやっていて、乗るはずの電車に乗ることができず……」と、寮を出て遅刻するまでの過程をお話しして、許していただきました。そのときの先生の言葉は、「OK、説明できたね」だったのです。つまり、「やむを得なかったね」という意味です。

ちょっと日本人の感覚では理解しにくいことかもしれませんが、ただ謝罪の気持ちを表現するのではなく、「やむを得ない状況だったのだから、仕方なかった」という理解を得るための、説明が必要なのですね。

正直、これを家庭でやろうとすると、親も疲れますよね。でも、**私は外国人と付き合う中で「理由」を述べる大切さを痛感していました**から、わが家では息子に対して徹底して実践していました。なかなかのバトルでしたよ（笑）。

親子だからこそきちんと向き合う

小学校3、4年生以上なら、もう「お母さんお願い」「ごめん、ごめん」で済ませずに、**「怒らないから理由を説明して」と、子どもに話をさせることが必要**です。

もちろんこれまでの親子関係や家庭の状況もありますし、忙しい中、毎回やってくださいとは言いませんが、親子だからこそきちんと向き合うことが大切です。

たとえば「○○を買ってほしい」「○○ちゃんの家に明日、遊びに行きたい」「友だちと○○に行きたい」「習い事を休みたい」など、子どもにとっての「依頼」はいろいろです。

　こういうときこそ、理由をしっかり説明できるように練習するいいチャンスです。一方、謝罪としては、「壊しちゃってごめんなさい」「すぐ言わなくてごめんなさい」などがあります。

　親としては、やむを得ない事情があったのだろうと寄り添いつつも、その状況を、子どもなりに正直に説明してもらいます。その上で「今度はこうしようね」とか「自分でわかっているならもういいよ」などと伝えればいいでしょう。「なぜお願いしているのか」「なぜ謝罪が必要な事態が生じたのか」、その**説明が必要になるのは、価値観が違っているときです。**

　親子の間でも、たとえば反抗期のときには、そのような対話がどうしても必要になります。きちんと対話ができれば反抗期を危機ではなく、相互理解のチャンスととらえることもできるでしょう。

価値観が違う人と話すことが前提

　英語のやり取りでは、価値観の違う人と話しているのが前提なので、このあたりの説明責任がもっと明確です。それは、いわゆる個人主義に根差した部分もありますし、50ページでお話ししたように敵に囲まれた地域で発達してきた英語の宿命とも言えます。

　日本でも価値観が多様化し、とくにコロナ禍では、「もっ

としっかり説明してほしい」という声が多く聞かれました。**自分の思いを届けるには状況と理由の説明が必要**、ということを、次の世代にぜひ伝えておきたかったので、お話ししました。

目指せ！

SONOKO先生のワンポイント

英語に限っては"言い訳"も大歓迎！ 状況と理由を説明するクセを付けましょう

「国際経験」は
「国内経験」でも補える！

　なぜ直接英語を使う機会を持つことをおすすめするかというと、「使える実感」が持てなければ、英語を続けようとは思わないし、英語をもっと覚えようとも思わないからです。大人でもそうなのですから、子どもならなおさらでしょう。「街中で知らない外国人に話しかけるなんて、とても無理！」というのであれば、外国人と話すことが前提となっている国内の英語キャンプやイベントに参加する方法もあります。海外旅行や海外留学は費用面や時間の面などから参加できないというご家庭でも、比較的安価で参加できるのがメリット。「英語キャンプ　国内」「イングリッシュキャンプ　国内」などと検索しただけでも、いろいろなイベントが出てきます。宿泊型のものが多く、ワークショップやフィールドワーク、ゲームやアクティビティを通して楽しく学び、学んだことをプレゼンテーションするものなどもあります。英語だけでなくグローバルな視点も身に付きます。

国内でのホームステイも

　また、国内でホームステイすることも可能です。日本国内に住む外国人のご家庭でホームステイをするというもの。長期間でなく、週末の2日間だけを利用したり、親子で参加するものもあります。これなら海外は心配、子ども一人では心

配という親御さんも安心ですね。

　家族旅行のような感覚で国内で英語を使いたい場合におすすめなのが福島県にある「ブリティッシュヒルズ」です。私も何度か利用したことがあります。「パスポートのいらない英国」と呼ばれていて、ホテル内は英語が基本。滞在しているだけで英国の文化に親しむこともできます。英会話や文化体験の講座も充実しています。

福島県・ブリティッシュヒルズの外観。7万3000坪の広大な土地に、中世英国の街を再現。日本にいながら英国文化を体験できます。

SONOKO先生のワンポイント

どんな形でも国際体験はできる！

「NO」を受け入れて、「NO」を言おう

　いくらお願いをしても「NO」と言われることがあります。「いくら言っても、もうダメだよ」と言われることも。そうしたら、残念ですがそれを受け入れるしかありません。海外に出ていろいろな国の人とかかわっていると、シビアな場面に出会うこともあるのです。

　私が17歳のとき、アメリカにホームステイに行って自分に突きつけられたことが、これでした。ホストマザーに言われたのです。

　「あなたは最後まで"NO"を受け入れなかったね。それで17年間生きてきたでしょう」と。普段は冷静なホストマザーが感情的だったので、私は少し驚いて「そんなことないです。あきらめたことはあります」と言いました。すると、「あきらめただけでしょう。あきらめることと、納得して手放すことは違うのよ」と。

あきらめることと「NO」を受け入れることは違う

　どういうことかわからずにいると、ホストマザーが説明してくれました。たとえば、何かほしいものがあったとします。でも今は買えないとすると、仕方がないとあきらめますね。でもそれは"あきらめただけ"なのであって、「NO」を受け入れたのとは違います。

「NO」と言われたら、「そうか、条件が合わないんだな」と、しっかり納得するのが「NO」を受け入れることなんだ、と。高校生の私には、高い文化の壁でした。

「NO」の理由をしっかりと理解するのが「NO」を受け入れることなのだ、と学びました。たしかに、同年代のホストシスターはたくましかった。「赤が派手でダメならば、青はどう？」というように、すぐに切り替えられるのです。つまり、事柄についてNOを言われただけで、人格に対してNOと言われたわけではない、というとらえ方です。

日本人の場合、「NO」と言われると人格まで否定されたと思い、落ち込みます。当時の私もそうでした。しょうがないよねと言いながら、なんとなくお互いに受け入れ合い、丸く収める、そんな日本の文化の居心地の良さを思い出しました。同時に、**ある提案や要望が却下されても、「それならばどうするか」をすぐに考える。**そのきっかけをくれるのが、英語の「NO」なのだと学びました。

かつて『「NO」と言える日本』(盛田昭夫・石原慎太郎著、光文社)という本が話題になりました。**「NO」を潔く受け入れられるようになると、「NO」と言えるようになるの**かもしれませんね。

SONOKO先生のワンポイント

英語は「NO」を受け入れ、どうするかを考える言語

とにかく「自分で選ぶ」練習をさせる

海外での学びはいろいろありましたが、前項の「NO」を受け入れることに加えて強烈だったのが、「自分で選ぶ」ということでした。

たとえばサンドイッチの具一つにしてもそうです。「どれを選んでもいいよ」と言われたとき、あなたならどうしますか。これが日本人は苦手な人が多いですよね。「どれでもいい」と答えるのに慣れているからです。

日常生活は選択の連続

あらためて意識してみると、何時に起きるか、どんな服を着るか、何を食べるか、誰と話すか。日常生活は選択の連続です。「どっちでもいい」「どれでもいい」は通用しません。なぜなら、**ささいなことが「どうでもいい」ならば、大きなことまで「どうでもいい」と思っている人だと思われかねないから**です。

そこで、自分の子育てでは、子どもにささいなことを選ばせ、決めさせることにしました。遠足用に予算内で、どんなお菓子を買うか、何を食べるか。どの帽子を被るか、水筒はどれにしようか。そんなことです。どちらでもよさそうなことこそ選ばせるのです。

実際、息子が子どものころ「重くてたくさん入る水筒」と

「軽くてあまり入らない水筒」で迷い、重い水筒を選んだことがあります。

　でも実際に持っていったら重くて長時間、歩くとつらくなる。でも、持たせ続けました。だって、自分で選んだのですから。アメリカ式ですね（笑）。

　さすがに最後まで持たせることはしませんでしたが、子どもが自分で選ぶことの意味を身にしみて感じるかどうかがポイントです。

　こういう場面であいまいな態度をしていると、英語の世界で生きていくのは厳しくなるでしょう。なぜなら、常に選ばなければならない世界だからです。

　ささいなことこそ、子どもに選ばせる練習をしておきましょう。「なんでもいい」「どっちでもいい」と答えてしまうクセを付けてしまうと、後で直すのが大変です。

　こう考えると、自律性が育ってくる小学生時代は、あえて遠回りをして、多様な体験ができる最高のチャンスかもしれませんね。

SONOKO先生のワンポイント

英語は常に「選ばなければならない」世界

コツコツと
英語貯金を続ける

　サイレントピリオドという言葉を知っていますか。語学の習得に関してよく使われる言葉です。子どもが言語を習得していく過程には「沈黙の時間」があります。言葉を大量にインプットして意味を理解していても、なかなか発話につながらず、停滞しているように見える時期があります。でも、その時期に**十分にインプットすると、ある時期から急に言葉を発するようになったりします**。

　外国語の学習においては、「聴いているだけ」のように見える時間が長いということ。コップに水が1滴2滴とたまっていき、あるときあたかもコップに水があふれるように話し始めるのです。

　残念ながら日本の生活で受け取る英語の量だけでは、コップの水はなかなか貯まりません。だからこそ意識的にリアルな英語に触れ合うということを、時間をかけて少しずつ実践し、コップの水を1滴ずつでも増やしてほしいのです。

自分の言葉が「内側から」あふれ出す!

　「いろいろ試しているけど、ちっとも上達しない」などと思うことがあるかもしれません。でも、大人が思う「少しずつ」よりも、子どもの世界ではもっともっと「少しずつ」です。

コツコツと少しずつ積立貯金をするように英語貯金をして、やがて**自分の言葉として引き出せるのを待つのです**。

　そして、子どもがもしも夢中になってくれたら、無限リピートでやらせてください（笑）。子どもは同じことを繰り返すのが好きですよね。そのためにも、**"リピートしてもいい素材"をたくさん用意し、身の回りに置いておく**。親ができることはこのくらいです。

　英語は、経験を積み重ねることが大切です。「自分の名前だけでも伝えよう」「Hi！と手を挙げてみよう」こんなふうに少しずつ、お子さん一人で難しければ親子で一緒に、経験を重ねていってください。

　私自身も英語を習い始めてしばらくのとき、初めて外国人の女の子と話せる機会がありました。ブランコに乗っている女の子に挨拶をして、自分の名前を言っただけ。それが精一杯でした。女の子は、私のほうを振り返ってくれて、ニコニコしてくれたことを今でも覚えています。

　国際交流イベントや外国人に話しかけるプロジェクトは、体験の一つです。過剰な期待は控えて、お子さんのチャレンジをぜひ見守ってあげましょう。

SONOKO先生のワンポイント

**英語は積み重ね。子どもの上達は"少しずつ"。
すぐに上達しなくても焦らない**

「人前で話すこと」に
少しずつ慣れる

「子どもが人前で話すことが苦手です」と悩む親御さんもいます。引っ込み思案のお子さんなど、嫌がる場合は無理をする必要はありませんが、**国際交流やイベントへの参加がきっかけで人前で話すのが平気になった**という話もよく聴きますので、チャンスがあれば挑戦してみましょう。

　最初は日本語でのスピーチで構いません。小学校でも発表の機会や、いわゆるプレゼンテーションの機会はあると思いますが、いつもの学校のメンバーの前ではなく、**知らない人の前で話す経験も大切です。**

　これをパブリックスピーキングといって、英語の文化では非常に重要なこととされています。アメリカでは当然のように子どものころから人前で話すことを、授業の中で行っています。

やっぱり "大きな声" は大事

　小学生のうちから日本語で話すことに慣れておき、中学生・高校生で英語のスピーチコンテストへ！　これの何がいいかって、副賞として海外研修が付いていることがあるんです。それを目標に、小学生のうちから「話すこと」に抵抗感をなくしておくことをおすすめします。

　そのためにも、小学生のうちに、その第一歩として50ペー

ジでお話しした「大きな声を出せるようにしておく」など、人前で話せるマインドを身に付けておきましょう。わが家の子どもも、海辺で大きな声で叫び、言葉にならないモヤモヤを吹き飛ばしていた日がありました。

人前で話すことへの抵抗感は、小学校3、4年生くらいまでなら乗り越えやすいと思います。

誰だって初めての経験はドキドキします。大人だってそうですよね。最初からうまくやろうという意識を親子ともに持たなくていいのです。

私自身、はりきって出場したスピーチコンテストでは、日記（Diary）の発音が本番でうまくできなくて、すっかり落ち込んでしまいました。そんなとき、「その発音はこれから絶対に忘れないね」と言ってくれた父の言葉に救われました。

お子さんが自信をなくしていたら、英語にまつわることではなくていいので、**親御さん自身の失敗経験を話してあげてください**。失敗経験を話すだけでなく、「でも今は、こんなふうにやっているよ」という未来形も見せてあげられるといいですね。

SONOKO先生のワンポイント

人前で話せるマインドさえできればOK!

一人ではできないことも
「仲間」とならできる

　なぜ英語を学ぶのでしょうか。

　お母さん、お父さんは、お子さんに何を望んでいますか。受験を突破してほしいからでしょうか。海外の大学に入って、一流企業に就職してほしいからでしょうか。

　この本を読んでくださっている親御さんの多くは、そうではないはずです。

　英語を学び、英語を身に付けたその先にあるもの。それは、「グローバルなフィールドで活躍してほしい」「いろいろな国の人とかかわって、自分の可能性を広げてほしい」からではないでしょうか。

　そのときに、**英語が多少上手かどうかということよりも大切なことは、「人として信頼できるかどうか」ということ**だと思います。

足りないところを補い合う仲間

　もちろん、英単語をたくさん知っていることも大切ですし、英検何級を目指す、ということも大切かもしれません。でも、一人ではできないことも仲間と一緒ならできるよね、というこの感覚を心の底から感じる体験を子どものころにしていれば、英語を学んだ先のグローバルなフィールドで動ける人になれるのではないでしょうか。

X（旧Twitter）でグローバルコミュニティを率いる渡部浩平（こう）さんによると、「これからの日本社会は個人戦になっていく」そうです。そのときに頼りになるのが「個」としてつながり合える仲間。

世の中、能力がある人がたった一人いるだけでは何もできません。でも、仲間と一緒ならできる。これは子どものころの、たとえばスポーツやアート、習い事、同じことを志す仲間との関係の中で築かれることです。

それぞれの良さを持ち寄って、生かし合う。足りないところは足りないところとして認める。

「自分はこれができない、でもあなたはこれができる」それをパズルのピースのように補い合って、一人では「できない」ことを、「できる」に変える力。おうち英語で目指すのは、語学を超えた何かなのだと思います。

SONOKO先生のワンポイント

英語が話せるかどうかよりも、「得意」や「良さ」を伸ばし、人としての成長を大切に

「姉妹都市で交流」する手もアリ！

　みなさんは、自分が住んでいる自治体の姉妹都市提携先を知っていますか？　市内の公園や市庁舎前にちょっと不思議なモニュメントがあったりしたら、近くにある説明文をよく読んでみましょう。提携先にちなんだものが多いはずです。

　市町村の広報誌にも、派遣事業のお知らせや受け入れ事業の協力依頼が載っていることがあります。つい見過ごしがちな情報ですが、**個人で申し込むよりも、自治体の補助が受けられるだけ費用が安く済んだり**、それぞれの自治体のトップが目玉政策にしていることもあり、**丁寧にフォローしてもらえて安心安全である**とも言えます。

　家庭の状況にもよりますが、ホームステイの受け入れをすると、生活の中で英語やほかの言語のコミュニケーションが必須となり、1対1の交流から友情も育ちます。

　さいたま市を例にとると、小学校スポーツ交流などが特徴的です。私の息子は1999年にニュージーランドとのサッカー交流に参加したことが楽しい思い出となり、それがきっかけで英語学習への意欲が湧いたようです。2024年時点でも、同様の趣旨のプログラムは続いており、アメリカとの野球交流にリトルリーグが参加しました。海外経験ができない、帰国子女の子どもとは明らかに違う、などと比較してしまいがちですが、ぜひこうしたプログラムを利用して、海外の空気を感じてみてください。

自治体の国際交流プログラムの例

検索のコツ（市区町村の場合）

> ○○市（町、村、区）　　姉妹都市交流

● さいたま観光国際協会
　国際交流センター（埼玉県・さいたま市）

国際交流センターは公益社団法人 さいたま観光国際協会の国際交流部門です。国際友好フェアの実施、姉妹・友好都市との交流、通訳・翻訳ボランティアの登録、ホストファミリーの登録などを通じて市民のみなさんに国際交流・協力の場を提供しています。

◇メキシコ合衆国・トルーカ市
訪問団や少年サッカーチームの相互派遣
◇ニュージーランド・ハミルトン市
夏期に市立中学校の生徒を派遣
◇アメリカ合衆国・バージニア州、リッチモンド市
少年野球チームの相互派遣

https://sia1.jp

● FUKUOKA 8

福岡市には8つの姉妹都市があり、そのうちアメリカ・オークランド市、アトランタ市、マレーシア・イポー市、ニュージーランド・オークランド市の4都市と青少年交流（高校生の派遣や受け入れ）を行っています。

http://sister.city.fukuoka.lg.jp　　　　　　　　　など

5

実体験を通して「マインド」を育てる

検索のコツ（都道府県の場合）

○○県（都道府県）　国際交流　小中学生

○○県（都道府県）　国際交流　イベント

北海道
●一般財団法人
　北海道国際交流センター（HIF）
https://www.hif.or.jp

秋田県
●秋田県国際交流協会
https://www.aiahome.or.jp

東京都
●東京都国際交流コンシェルジュ
https://www.tiec-edu.metro.tokyo.jp

神奈川県
●公益財団法人
　かながわ国際交流財団
https://www.kifjp.org/k-pit

愛知県
●公益財団法人
　愛知県国際交流協会
https://www2.aia.pref.aichi.jp

兵庫県
●公益財団法人
　兵庫県国際交流協会（HIA）
https://www.hyogo-ip.or.jp/

岡山県
●一般財団法人
　岡山県国際交流協会
https://www.opief.or.jp

山口県
●YIEA 山口県国際交流協会
https://yiea.or.jp

宮崎県
●公益財団法人
　宮崎県国際交流協会
https://www.mif.or.jp

など

※紹介しているのは、2024 年 10 月現在の情報であり、プログラムの一例や検索の仕方です。また、各種国際交流プログラムは、新型コロナウイルスの影響で中止になっている場合もあります。詳しくは各自治体や WEB サイトなどで確認のうえ、直接お問い合せください。

国際交流経験の適齢期はいつ？

私が思う国際交流経験の適齢期は11歳ごろです。これより幼いと、親が一緒でないとかなり難しいと思います。11歳ぐらいになると、小学校でも林間学校など宿泊を伴う行事があり、親から一時的に離れることに抵抗がなくなってきます。わからないことを素直に聞けるギリギリの年齢でもあり、新しいことを吸収する感受性が残っている時期です。私の元生徒たちの中にも、最初の一歩がこれらのプログラムだったという人がいます。以下のような日帰りプログラムもあります。

- **防災ボランティア**（地域に住む外国人の方に向けて防災の基礎知識や避難場所の案内を行うもの）
- **はじめましての会**（定期的に開催され、地域に来たばかりの外国人の方に、地域の特色や地元のお祭り、特産品などを案内するもの）
- **留学生の交流イベント**（アメリカのボランティア組織AFSやロータリーなど民間国際交流団体と連携して、留学生に日本語や日本文化を教え、ともに楽しむ）

コロナ以降、中断を余儀なくされている自治体もありますが、まずは登録をして小さな活動に参加を。そこでの出会いや興味関心の芽生えが未来を大きく変えるかもしれません。

SONOKO先生のワンポイント

意外とたくさんある国際交流イベントを使わない手はない！

公立高校から推薦で憧れの
イギリス留学へ!

　高校進学後、電子辞書を使う同級生が増える中でも、母の
お古のボロボロの紙の英語辞書を頼りにしていました。

　イギリス留学の学校推薦を通過できたのは、得意としてい
た物理のおかげだと思います。

　全寮制の留学先では廊下で先生をつかまえて発音の特訓を
受け、さらに話す機会を増やすために、下級生に日本語を英
語で教えていました。言葉を互いに教えあうことで、上達の
スピードがぐっと上がりました。

　ロンドンのインペリアル大学で希望通りに超電導の技術を
学び、その後、ロンドンでの日本企業の採用説明会に参加し
て、簡単な面接を経て、即決で国内大手メーカーに採用され
ました。

　そこで技術系エンジニアとして3年勤務し、さらに視野を
広げるべく、企業向けコンサルタントに転職しました。追い
詰められても頑張れる力がついたのは、家族や学校の先生方
の応援があったからだと思っています。

第 **6** 章

「英語で学ぶ力」を育てる

「虹の7色」を
英語で表現！

　英語だけに着目せず、別の教科から興味をつなげていくお話をしますね。まずは「理科」。

　言葉は世界を区切る道具と言われています。わかりやすい例が「虹」です。

　2色しか区別しない言語（パプアニューギニアのダニ族の言語・ダニ語）もあれば、4色（ロシアやインドネシア）、5色（ドイツ、フランス、中国）、6色の……え？　7色じゃなかったの？　と常識が揺さぶられます。

　色が見えないというわけではなくて、区切り方が違うのですね。そして、人間には見えない光に名前が付いていたりもします。そうです、「赤外線」「紫外線」は聞いたことがあると思います。なんだか「理科」っぽくなってきたでしょう？

　紫外線を英語で言うと、ultraviolet ray（英検1級単語）。日焼け止めなどに表示されているUV（ユーヴィ）はここからきています。

　英語「を」覚えることを目的とせず、「英語を使って」「英語で」学ぶことによって、英語を楽しく身に付ける、英語を身近に感じることができたら素敵です。

理系的なことにも英語をプラス！

　なぜ虹ができるのでしょうか？

光の波長ごとにスペクトラム（spectrum）という光の帯ができるのですね。

　雨上がりに虹が見えるのは、空気中の水分が光を分散させるからです。実験ではプリズム（prism）という屈折によって光を分ける透明な三角柱を使います。

　小学校の理科の教科書でそんなページを見つけたら、「英語で虹の色はどう表現するんだっけ？」と発想を転換できるといいですね。

書いてみよう

虹　　（**Rainbow**）……rain は雨、bow は弓という意味です。
*フランス語では l'arc en ciel（空のアーチ）

赤　　（**Red**）

橙　　（**Orange**）

黄色　（**Yellow**）

緑　　（**Green**）

青　　（**Blue**）

藍　　（**Indigo**）

紫　　（**Violet**）

紫外線（**UV : ultra violet（ray）**）

SONOKO先生のワンポイント

生活の中で英語の接点があるものを探して、その意味を調べてみましょう

「理科につながる単語」を調べてみる

tips 043

次は身体の部位も英語で言ってみましょう。どのくらいくわしく？　というと、小学校の理科で習うくらい、と考えるといいかもしれません。

教員の国際共同研究に参加したとき、フィリピンの小学校の理科の授業を参観しました。テーマは Body Parts（身体の部位）の中でも骨格の話。Skelton（頭蓋骨）や spinal cord（脊髄）などが出てきます。そう、英語で理科を教えているのです。

興味にまかせて日本の家庭で親子で英語を学んでいても、同じようなレベルの単語との出会いはあるでしょう。

このとき、全部覚えようと肩ひじを張るでもなく、難しいから後にしようとすぐにあきらめるのでもなく、あたかも草花の名前のように、「へ〜っ」と眺めるくらいがちょうどいいと思います。

「マイ単語ノート」のすすめ

もしも単語を書き留めたいというお子さんなら、**単語を書き留める「マイ単語ノート」を作ってみるとよいでしょう**。動物の名前、乗り物の名前など、カテゴリー別にマイ単語を書いてみるのもおすすめです。身体の部位を表す単語は、海外旅行など、いざというときに役立つかもしれませんね。

"Head shoulders knees and toes."（頭、肩、ひざ、つま先）という歌があります。英語圏のわらべ歌のようなもので、頭や肩に順番に触れながら歌います。だんだん速くなっていきますよ。You tubeで検索すると出てくるので、見てみてください。

楽しく歌いながらゆっくりと単語を拾っていくのもよし、少し急いで単語を増やしたい人は、ER（Emergency Room：救急室、救急外来）系の病院や医療をテーマにした番組などから、別の単語を拾うのもアリかもしれませんね。そうなったらもう、大人の伴走は要らないレベル、むしろ追い越していくレベルになっていくでしょう。

私が高校で教えていたころ、Eric Clapton（エリック・クラプトン）の"My Father's Eyes"（父さんの目）という歌を聴いて歌詞の意味を味わってから、自分や家族や友人の、手や耳や脚について詩を作ってみようという活動をしたことがあります。

みなそれぞれに素敵な詩を作りました。大人が少し手伝えば、小学校の高学年から取り組める活動だと思います。ぜひお試しを。

SONOKO先生のワンポイント

肩ひじ張らずにゆっくり単語を集めていく

tips
044

「大きな数と形」を英語で言ってみる

　理科の次は算数です。1,000（千）、1,000,000（百万）、1,000,000,000（十億）……。大きな数字って子どもも好きですよね。これも一緒に覚えてしまいましょう。

100（百）	**onehundred**
1,000（千）	**one thousand** |kilo・キロ|
10,000（一万）	**ten thousand**
100,000（十万）	**one hundred thousand**
1,000,000（百万）	**one million** |mega・メガ|
1,000,000,000（十億）	**one billion** |giga・ギガ|
1,000,000,000,000（一兆）	**one trillion**

　日本語では、万→億→兆と4桁ごとに単位が変わりますが、英語では thousand → million → billion → trillion と3桁ごとに変わります。**コンマに注目すると、英語の数字のほうが読みやすい**のです。

　実際にやってみましょう。1,000 が one thousand（K・キロ）です。1桁増えて10,000になると、コンマの前が「10（ten）」で、それに thousand を付ければいいだけ→ ten thousand。

　もう1桁増えて100,000は、コンマの前が「100（one hundred）」なので、それに thousand を付けて→ one hundred thousand。

もう1桁増えると、1,000,000となり、2つ目のコンマが付くので、単位が変わってone million（M・メガ）になるというわけです。さらに1,000,000,000がone billion（G・ギガ）になります。パソコンやスマホの容量などはメガやギガで表すので、なじみがあるかもしれませんね。

　これがわかると英語の数字も面白くなるし、英語の数字の仕組みもわかって、面白くないですか？　私だけかな（笑）？

　算数つながりで図形の英語も覚えておくと便利です。いくつか例を挙げておきましょう。英語を使って図形の問題が解けたら、カッコいいですね！

triangle	三角形……triは3の意味
square	四角形
pentagon	五角形……pentaは5の意味
hexagon	六角形……hexaは6の意味
circle	円形
oval	楕円形

SONOKO先生のワンポイント

数字も図形も、英語につなげる！

日本以外で売られている「世界地図」を探す

　ここまで理系の話をしましたが、文系バージョンを紹介します。そのスタートは、「地図」です。**地図に書かれている国名や地名が英語のものを選び、リビングや子どもの部屋などに貼っておきましょう。**

　もしお知り合いでオーストラリアに住んでいる方やオーストラリアに旅行される方がいたら、ぜひ現地の地図を買ってきてもらうと面白いです。私たち日本人には驚きですが、当然のようにオーストラリアが真ん中にあって、日本は下のほうでひっくり返っています。

　日本人にとって世界地図は北が上で南が下ですが、オーストラリアでは南が上で北が下なのです。ちなみにヨーロッパの地図はイギリスあたりが真ん中で、日本は端っこです。まさに日本は極東（far east）の国となります。

　これはアメリカの地図も同様で、「日本は中国大陸のどこにあるの？」という笑い話もあるほどです。「中国大陸とは離れているところにある」というと「ハワイみたいなもの？」と（笑）。アメリカを中心にした地図だと、日本ははるか「東のはて」にあります。日本がfar east（極東）と呼ばれる理由もわかりますね。

　ビジュアルのインパクトというのは子どもにとっても強いもので、こうした地図の違いからもグローバルマインドというものが育まれるのではないかと思います。

アルプス山脈の 「ス」 は複数形

　小学校では日本地理だけでなく世界地理も学習します。ぜひ一緒に地図を見て、興味を持ち、疑問を持ってください。

　たとえばフィリピンは the Phillippines と表記されています。国名に "the" が付くことに違和感があるお母さん、お父さんもいるかもしれません。固有名詞の前には the が付かないと習ったことを記憶していませんか？　これは、「フィリピン諸島の島々をまとめて表記しているため」で、それが国名になっています。固有名詞には the が付かないというルールよりも、いくつかのものをまとめるときに the が付く、というルールが優先されているのです。だから、最後に s が付きます。

　ちなみに the Alps（アルプス山脈）も複数形の s が付きます。これも、山脈だから。「アルプ」はもともと高山の牧場の意味で、「アルプス」の「ス」は複数形の s だったのです。面白いですよね。

　少々理屈っぽい話になってしまいましたが、こうした小ネタもぜひお子さんに話してほしいのです。「へえ、面白いね」と食いついてきたら、英語にも地理にも興味が湧いてきて、一石二鳥ですよ！

SONOKO先生のワンポイント

世界地図でグローバルマインドを育む

「英語で日本の紹介」
をしてみる

　英語で日本を紹介することは、小学校の英語の教科書など
でも触れられています。

　そもそも英語以前に日本のことを知る必要がありますが、
ここはお母さん、お父さんも協力して、「どんなことを紹介
しようか」と一緒に考えてみてください。「これって、英語
で何ていうんだろう？」というところがスタートです。

　164ページに日本文化の紹介例を挙げておきます。日本文
化の知識がないところから説明するのは大変ですが、すでに
英語に取り入れられている言葉を手がかりにすることができ
ます。外国人と交流する機会があればぜひ、使ってみてくだ
さい。

和製英語もどんどん使う

　おまけとして、英語でも通じ始めている和製英語を紹介し
ます。じつは「アニメ（anime）」も、もともとはこの枠から昇
格したものです。

・**Salary man**（サラリーマン）

　これは和製英語で、そのままでは通じないと言われてき
ました。ところがサラリーマンが背広姿で踊るYouTubeが
広まり、イメージが定着したせいか、日本のことをある程度

知っている英語話者には通じるようになってきました。もちろん日本に住む英語話者には通じます。正規の英語はoffice workerです。

・**Combini.**（コンビニ）

　さすがにこれは英語とは認識されません。正規の言い方はconvenience storeで、スペルも発音もほど遠いもの。それでも、日本に住む英語話者や、旅行でしばらく滞在するような人は、"Let's go to コンビニ" で通じますし、"Where is the nearest コンビニ？" と聴いてきます。実用性が言葉の境界を超えていく典型的な例です。

SONOKO先生のワンポイント

外国人も知っている日本語をきっかけにどんどん交流しましょう

「日本」を紹介するきっかけになる単語たち

Karaoke（カラオケ）

歌詞のない伴奏で歌う娯楽で、「Karaoke」として世界中で親しまれています。

☆どんな歌が得意か聞いてみましょう。

What songs do you enjoy singing with Karaoke?

I enjoy singing○○○　　持ち歌、というニュアンスです。

I like to sing○○○　　歌うならこんな歌。

I would like to sing○○○　　さあ、今から歌う感じです。

Sushi（寿司）

日本の伝統的な料理である寿司は、英語でもそのまま「Sushi」として知られています。

☆ネタの種類はツナ（まぐろ）とサーモンくらいの人が多いので教えてあげましょう

What kind of Sushi do you like?　どんな寿司が好きなの？

Have you tried Squid yet?　It's chewy and nice.
イカ食べたことある？　かみごたえがあって美味しいよ。

How about seared shrimp？　It's best with mayonnaise.
あぶりのエビはどうかな？　マヨネーズをつけると最高！

※Sushi を食べたいと思っても、魚の味（fishy taste）が好きなわけではない人もいるので、様子を見ながらすすめましょう。

Origami（折り紙）

紙を折って形を作る日本の伝統的な芸術で、「Origami」として広く認識されています。

☆簡単な折り方を実演しましょう。

Let me show you how to make a crane, tsuru, in origami.

Please fold in half. 半分に折ってください

This corner meets this corner. ここの角とここの角を合わせます。

Do the same again in this angle. 同じことをもう一度この角度でします。

英語圏でもそのまま通じる日本語

Anime（アニメ）

日本のアニメーション作品を指し、英語でも「Anime」として使用されています。Animated film という正式な言い方より一般的になってきました。

Manga（漫画）

日本のコミックやグラフィックノベルを指す言葉で、英語でも「Manga」として知られています。漫画本は Comic books と言ったほうが通じます。

Tofu（豆腐）

大豆を原料とする食品で、ヘルシーな食材として「Tofu」の名前で親しまれています。海外のスーパーでは新鮮なものが手に入りにくいこともあります。

Ninja（忍者）

日本の歴史的なスパイや暗殺者を指し、「Ninja」としてポピュラーな存在です。Ninja way（忍者のようなやり方）など形容詞的にも使われています。

Tsunami（津波）

大規模な海洋波の現象を指し、世界中で「Tsunami」として知られています。実際の自然災害だけではなく、人生を襲った重大なできごとという比喩の意味でも使われています。

ビタミンは「ヴァイタミン」!? 英語で「食」を学ぼう!

日本の「食」について、「そもそも英語で何て言うんだろう?」と考えていくと面白いですよ。お子さんがよく知っているものから入っていくといいでしょう。いくつか例を挙げてみましょう。

ビタミンは"bitamin"ではなく"vitamin"と、"vi"で始まり、発音も「ヴァイタミン」になります。親子で「"b"じゃなくて"v"なんだ!」と一緒に驚くだけでももうけもの。よくばって、「vitaminBやvitaminCが含まれる食材にはどんなものがある?」と一緒に調べてもgood。

みんな大好きchocolate(チョコレート)は、後半が"rate"ではなく"late"(rではなくl)です。ちなみにカレーはcurryでrですね。綴りは親だって間違えます。**わからなかったら親子で調べる**、このクセを付けておきましょう。

また、chocolateはアクセントが最初のほうにあり、「チョッコレイト」になります。「今日は特別に、チョッコレイト食べましょう」などと大げさに発音して楽しむもよし、「チョコレートは実は抗酸化作用というものがあって、食べ過ぎなければ健康と美容にいいんだよ」なんて話を一緒にしてもよし。

そして今や日本語になってしまったdiet(ダイエット)。お子さんに「ダイエットってどういう意味か知ってる?」と聴いてみてください。ほとんどの子が(大人もそうかも!)、「やせること」と答えるでしょう。実はdietの本来の意味は、「基

本の食事、（治療などで）規定食をとる」という意味で、そこから「食事制限」という意味につながっていきます。

　ちなみにdigestは「消化する」という意味です。これは食べ物だけでなく、知識などを消化する（理解する）意味もあります。また、よく映画やドラマの「ダイジェスト版」という言葉を使いますね。Digestには「情報を要約」するという意味もあります。これも食べ物を消化する過程で、分解したり凝縮したりすることとつながっているのです。こんなふうに考えていくと、大人でも英単語が楽しくなります。

英語から知る食文化

英語から世界の食文化の違いもわかると面白いでしょう。

　Vegetarian（ベジタリアン）は菜食主義者のこと。これも "be" ではなくて "ve" なので「ヴェ」と発音します。

　Vegetarianにも、野菜だけしか食べない人、卵、乳製品は食べる人、鶏肉は食べる人などいろいろいます。小学校では食育の観点から食についていろいろ学んでいると思います。最近は「異文化を知る」目的でさまざまな国の食事を給食で出すこともあるとか。食に興味がある子は食文化の違いとともに英語を学んでみても。海外旅行に行く機会があったら、現地の食事を楽しみながら英語を覚えちゃいましょう！

SONOKO先生のワンポイント

食いしん坊な子は、食べ物から英語と文化を学びましょう

英語で「地球」を学ぶ

160ページで世界地図を貼ることをおすすめしましたが、国名を覚えるだけでなく、地球に関する知識とそれにまつわる英語も一緒に吸収してしまいましょう。世界地図だけでなく、地球儀などもあるといいですね。

Global（グローバル）は「地球の」「地球規模の」という意味ですが、rではなくlが2つあります。

海は英語でなんと言う？

海は **ocean** と **sea** の2つの単語があります。

Ocean：太平洋などの大きいもの。

Sea：陸地に囲まれた、比較的小さいもの。

Sea の例／日本海 the Sea of Japan
　　　　　　　地中海 the Mediterranean Sea

Ocean の例／太平洋 Pacific Ocean
　　　　　　　大西洋 Atlantic Ocean

「日本は海に囲まれています」というときは、Japan is surrounded by the sea というように、sea を使います。なぜ ocean と sea の2種類があるかというと、ocean がギリシャから入ってきた言葉だからです（ギリシャ神話の水の神が語源とされています）。古代ローマの言葉、ラテン語と同様にギリシャ語も英語に影響を与えています。こういうこぼれ話も、ぜひお

子さんと一緒に調べていくと楽しいですよ。

英語が文系と理系の橋渡しになる

　地球儀や世界地図を見ながらぜひ押さえておきたい単語としては、equator（イクエイトー）もあります。赤道のことです。equal（イコール）等しい、equity（イクイティ）平等、などの語とつながっています。地球の等分線といったところでしょうか。

　地球の歴史という観点から小学校高学年くらいのお子さんにぜひ伝えてほしい単語をご紹介します。それが**carbon footprint**（カーボンフットプリント）。直訳すると「炭素の足跡」ですが、人類が地球上で炭素を燃やしたり使ったりして残してきた足跡のことです。つまり二酸化炭素の痕跡です。

　中学生になるとCO_2やH_2Oなどの化学式を習うと思いますが、ちょっと先取りして、「これって全部英語なんだよ」と教えてあげてください。

　CO_2（二酸化炭素）はCarbon（炭素）１つに、Oxygen（酸素）２つの組成です。中学生になって理科の元素表でＣに出合ったとき、頭の片隅に「あ、あのときのカーボンのＣだ」ということがつながると嬉しいです。つまり、**英語はいわゆる理系の学習と文系の学習の橋渡しにも便利**なのです。

SONOKO先生のワンポイント

地球儀を使って興味をさらに大きく広げましょう

大人も迷う「見る」の単語

簡単な言葉なのに大人でも頭を悩ませてしまう「見る」という単語についてもお話ししておきましょう。「見る」という単語1つとっても、look, watch, see, view などいろいろあります。

Look は、注意を向けて見る、という意味です。"Look at me." は「私を見て！」と子どもの注意を引き付けるとき。Look for〜は、〜に注意を向けて、どこかな〜と「探す」。

Look up, look down, look out…など、方向をともなうときも、「〜のほうを気を付けて見てね（何か変化があるよ）」ということなのです。

Look out で思い出すのは2007年の東大入試。男の子がUFOの本を読んでいるときに、女の子が窓の外に本物のUFOを見つけて驚いているイラストが描かれ、このイラストについて英語で状況説明をさせるというもの。Look out！（外を見て！）を使うとより自然な表現になります。

172ページの一覧を見ながら、「見る」の単語をお子さんと一緒に実際の動作をしながら実感してみましょう。

丁寧に一緒にやってみる

この本で伝えたいのは、**おうち英語を始めたら、とくに最初のうちは丁寧に進める**ということです。たしかにサイト

などを見れば、意味と使い方を一覧で見ることは可能ですが、そうではなくて、どんなときにlook outで、どんな動作がlook upかなど、**状況や動作とともに丁寧に一緒にやってみることが大事です。それができるのが小学生のうちであり、おうち英語の最大のメリット**です。

　動作とともに吸収することができれば、将来、本当に使える、口から自然に出る言葉になってきます。

・基本語ほど丁寧に教える
・仮説を立てて確かめ、使えるようにする

　おうち英語ではぜひ、この2つを意識してみてください。実はネイティブの子も、間違えながら仮説を立てて確かめて、長い長い時間をかけて学ぶといいます。考えてみれば当然で、私たちも日本語を長い時間をかけて間違えながら身に付けてきましたよね。うちの息子も「さかな」を「かさな」と言っていた時期がありました（笑）。でも親ってそんなに気にしないはずです。しばらくすれば言えるようになるのですから。

　それなのに、英語になった途端、真面目に訂正しようとしてしまう。中学校に入れば、テストで1文字でも間違えると×になってしまうから、余計ナーバスになってしまうのです。だから楽しく学べる今のうちに、一つずつ、単語との出会いを楽しみましょう。

SONOKO先生のワンポイント

基本的なことほど丁寧に

"見る"の単語、どう違う？

look

瞬間的に対象を限定。方向を表す語とセットが多い。

Look at me.
私を見て。視線を合わせます。

Look up.
上を向いて。

Look down.
下を向いて。

Look for the slippers.
スリッパを探して。

watch

動くものを見る。目を離さずに見ているイメージ。

Let's watch television.
テレビを観よう。

Watch your step.
足元をよく見て。

Watch me.
私を見て。（何かのやり方を動作で示します）

Please watch Mi-chan.
みーちゃんを見ててね（ペットや 妹など動き回るから）。

Watch out.
気を付けて（車や落下物など動くものに対して）。

see

自然に視界に入るものを見る。

> **I can see you.**
> 見えるよ（かくれんぼなど）。
>
> **Can you see the giant panda?**
> パンダ、見える？（動物園などで人ごみの間に）
>
> **We can see Mt. Fuji from here.**
> ここから富士山が見えます。
>
> **I see someone looking at me.**
> 誰かが私を見ているのが見えます。

- 映画を観るは see、テレビを観るは watch. と昔なら教えました。映画は遠くのスクリーンで全体像を観ることが多かったからです。最近はテレビ画面や手元のタブレットやスマホでも観るようになり、watch the movies がよく使われるようになりました。

- 全体像を見る感覚、存在を確認する感覚が、I see（わかります）につながります。

- see は視界に入るということなので、See you＝「またお会いしましょう（またね）」は、またそのうちあなたの視界に入ったら、という程度の意味で本当に無責任なのです（笑）。
  それに対して meet は、意識して会うことを意味します。だから "Nice to meet you".（はじめまして）という使い方をします。待ち合わせをして会うのも meet です。言ってみれば see は、また会っても会わなくてもかまわない、軽い意味合いです。そのせいか、"See you！" ってライトに使える感じがしますよね。

- "Brown Bear, Brown Bear, What Do You See?" という絵本（108ページ参照）を読むと自然に覚えられますよ。

カテゴリーで単語に親しむ

　脳科学的には、10歳ごろから抽象化の能力が作られ始める
ようです。物事をまとまりでとらえる（＝カテゴリー）能力が
身につきます。

　それまでバラバラであったものが、まとまりになるわけで
すから、理解力や記憶力のアップにもつながります。

　英語とのつながりで説明すると、次のようになります。

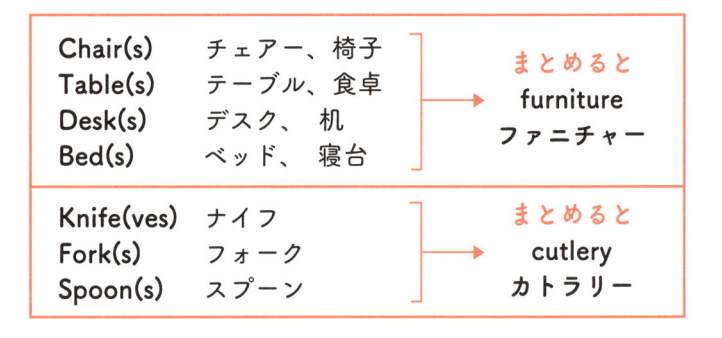

Chair(s)	チェアー、椅子		まとめると
Table(s)	テーブル、食卓	→	furniture
Desk(s)	デスク、机		ファニチャー
Bed(s)	ベッド、寝台		
Knife(ves)	ナイフ		まとめると
Fork(s)	フォーク	→	cutlery
Spoon(s)	スプーン		カトラリー

　カトラリーは、もともとは刃物だけを指していたのです
が、今ではテーブルの上にあらかじめセットしておくナイフ、
フォーク、スプーンのセットのことをいいます。6人用が基
本です。

　ナイフにはバターナイフのようにエッジの丸いものから、
肉を切るためにギザギザがついたものまであります。スプー
ンも大きさによってティースプーン、テーブルスプーンなど
に分けられます。

片付け上手が単語記憶につながる！

キッチンの引き出しを整理するときに皆さんも無意識に、**かなり高度な分類とまとめの能力を駆使している**のではないでしょうか。大きさ、用途、危険性などで同じ仕切りの中に入れられるかどうかが決まりますね。実は英単語を効果的に覚えるときの脳の中も同じです。**ちょっとしたお手伝いのタイミング**などに**言語化してみる**とよいかもしれません。

食器など生活に根差した普段使いの単語ほど、文化の差が出やすいところです。単語の丸暗記に限界があるのは、そうした理由があるのです。

頭の中のカテゴリー分けにも文化差があります。数にどこまでこだわるのか。過去と未来を切り離すのか、などなど。

まずは、**自分の持ち物の分類や定位置を決める、という作業を習慣化しましょう**。できれば、大きさや色など外見的な分類法だけではなくて、使う場面や使う頻度などからも分類できるといいですね。

SONOKO先生のワンポイント

単語は丸暗記より、カテゴリー分けを！

日本語と英語の意味は「イコールじゃない」

　具体的に一つひとつの単語を覚えるのと並行して、単語同士の関係性や、単語の意味の背景にある文化の違いなどに着目して、興味を引き出してみましょう。

　レストランでハンバーグを注文して「パンにしますか？それともライスにしますか？」と聴かれたとき、「ライス」＝「お皿にのったご飯」のことだと、誰もが思いますよね。ところが、英語では rice は、「稲」「米」「炊いたご飯（白米）」のすべての状態が "rice" という1つの単語で表されます。

　つまり、この場合は**英語は日本語に比べて、言葉の守備範囲が広い**のです。

　また、日本語では「今年の米は豊作だ」と言いますが、「今年のご飯は豊作だ」とは言いません。英語では、"The rice is good this year."（今年の米は良い）と農家の方が言ったら「今年の米は豊作だ」ですが、食べているときに "The rice is good"（この米は良い）と言ったら、「ごはんがおいしい」という意味になります。"rice" も "good" も、誰が、どんなシチュエーションで話しているかによって、意味が違ってくるのです。

1つの単語に対して1つの意味ではない

　言語によって世界の切り取り方や表現の仕方は違います。言葉の概念も違います。これを、お母さん、お父さんが日常

的に一緒に整理してあげられると、後々、お子さんが英語を勉強するときにとても楽になります。

中学に入ると、英単語を覚えることになりますが、単語帳で覚えるとどうしても、1対1＝1つの単語に対して1つの意味として覚えます。それが、英語を話すときに邪魔になることがあるのです。

左ページの例のように rice ＝米と機械的に暗記していたら、誤解をしてしまうかもしれません。

"もやもや"したものが同じならＯＫ！

私がよく高校の授業で生徒に伝えていたのは、英語と日本語の間には、もやもやしたもの（＝概念）があり、英語表現と日本語表現が同じ概念を指していることが大事なのだ、ということでした。逆に言えば、日本語にぴったりの英語で言おうとするから難しいのです。語の定義がぴったり重なることはむしろまれです。

「日本語なら○○だけど、英語なら何て言うんだろう？」と考える、その想像力が大事で、それこそが英語が話せるようになるコツです。よく「英語脳」になろう、などと言われますが、実はそんな難しい話ではありません。**言語は違っても、お互いが同じものを想像できていたら、それでＯＫ！**　なのです。

私自身、17歳で初めてアメリカにホームステイをしたとき、直訳で話しても通じなくて愕然としました。でも、「言いたいことを、自分がわかる範囲の英語で言えればいい」そう割

り切った瞬間から、英語のコミュニケーションが格段に楽になりました。

日本語を単純に英語にしない、ということを埼玉県立浦和高校の3年生のライティングの授業や、ガチの大学受験対策の中で、何百回教えたかわかりません。

このような感覚は、高校よりは早めに、できれば小学校から中学校にかけてつかんでおくと、後伸びの速度が違ってきます。

英語と日本語で同じものを想像できるかが大事！

COLUMN

火鉢でバーベキューする
アメリカ人？

　私がアメリカでホームステイしていた高校生のときのこと。「バーベキューをするからHibachiをガレージから出して」とホームステイ先で頼まれて、いくら探してもなくて困りました。

　実は私が探していたものと、ホストダディが探していたものが違っていたのです。

　昭和30年代生まれの私にとって「火鉢」は陶器の中に炭を入れて室内を暖める道具。火鉢に手をかざしたり、餅を焼いてもらったりした思い出があります。

　ところが英語になった"Hibachi"はなんと、炭を使う小型のバーベキューグリル！

　さらに意味が広がって、鉄板焼きやバーベキュー全般を指すこともあるようです。実際にアメリカの友だちから送られてきたインスタグラムの写真では、"We are having a Hibachi party for my birthday.（誕生日に火鉢パーティをやってるよ）"というキャプションとともに、お皿に立てたミニ花火がシュッと火をあげていました。"Wow!!"

　そうかと思うと、"HITACHI（日本の会社の名前）"と書かれたTシャツを着ていたら、"Oh, Hibachi!!"と声をかけられたという人もいます。

　言葉は旅をします。随分と遠くまで、思いがけない形で。

遊びやゲームで
「多面的思考」を鍛える

　よくお子さんの「地頭を鍛える」などと言いますが、どうすればよいのでしょうか？　「地頭」って生まれつきなのでしょうか？

　教員としての実感で言うと、「地頭」の力を感じることは確かにあります。単なる受け身ではない理解力。ルールをわきまえた応用力。それは本人が勉強に本気になったときに発揮されます。勉強以外の場面では、スポーツや遊びの中で育ちます。瞬間的に判断する力も含まれます。

　これをすべて説明しようとすると、新たな本が生まれそうですが、私はそちらの専門家ではありません。あくまでも英語の教員であり、子育て経験は1回だけです。それでも、後天的に地頭を育てる方法はあり、その中のいくつかは英語学習の基礎になりそうだ、と感じています。

　何がどう結び付くかと言うと**「複数の要素を組み合わせて瞬時に判断して行動に移す」**というところです。

　英語に内在する複数の要素は**「語順」「単語の語尾」「発音」**です。文法は、語順に合わせた単語の語尾の扱いという側面がありますから、平面的に覚えただけでは使えません。発音も単語が単独のときと、つながったときで違ってくるのは以前お話しした通りです。

　まず、複数の要素を組み合わせるというところですが、いわゆる知育玩具にはこれが色、形、機能として仕込まれてい

ます。同じ丸い形でも車輪には独特の機能があります。その組み合わせがある意味無限で、ある意味有限であることを、遊びながら身に付けると「地頭」は強くなると思います。大きくて単純なものから、小さくて複雑なものまで、年齢に合わせて選ぶことができます。**レゴブロックやジグソーパズルが代表例**です。

UNO®、テトリス®、ルービックキューブ®のすすめ

たとえば、複数の要素と瞬発力、英語の気分を少し入れるとUNOというカードゲームがおすすめです。トランプに似たやり方で、同じ色のカードの数字をどんどん大きくしていく、というような単純なしかけですが、時々、Reverse（逆回りになるカード）という役札が出てきたりして思惑がはずれます。色の指定をいきなり変えられる役札もあります。

使う単語は数字と色、ReverseにWild（色指定できるカード）などのごく単純な単語ばかりですから、全部を英語でやろうと思えばできます。もちろん人生ゲームなどの英語版もありますし、珍しいところではロンドンの地下鉄をテーマにしたボードゲームもあります。

ちなみにUNOはイタリア語で「1」のこと。ルールに従って1枚ずつ札を出し、全部の札が出せると上がりです。ただし、残りが1枚になったところで「UNO！」と宣言しなければなりません。そうすると逆回転や色替えで邪魔が入る、という仕組みです。単純な英語を言いながら別のことを常に考えるアタマの体操です。

さらに高学年になってきて、どうせ**ゲームをやるならテト**

リスがいいですし、暇つぶしをするならルービックキューブがおすすめです。

　英語に必要な考え方のクセとして、先ほどご紹介した複数の要素（遊びの中では色や形）の組み合わせに加えて、瞬時の判断力が要求され、鍛えられ、身に付きます。

英語を話すときの頭の中と同じ!?

　テトリスはパズルゲームの1種で、どんどん落ちてくるブロックを左右に動かしたり、回転させたりしながら積み重ねていき、1列そろうとブロックが消えて得点が追加されるというものです。ブロックが落ちてくるわずかな時間に、色、形、方向、スピードなどを瞬時に判断し、操作します。実はこれは、**日本人が英語を話すときに、頭の中でやってほしいことと同じ**なのです。

　主語、動詞、目的語があり、動詞の前ならheで後ならhim。終わったことだけど今につながるときにはhaveが入って、その影響でseeはseenにしておく。常にこのような思考の組み換えをほぼ自動的にやっていかないと、外国語をさまざまな場面で使えるようにはならないと実感しています。

　筋肉の使い方がわかっていたほうが球技が楽なように、「制限時間内に形を判断して回転させて最適の場所に落とす」というテトリスの操作が上手なことと、英語力との間にもしかして関連があるかも、と気が付いたのは、毎年東大に20名以上が合格する埼玉県立浦和高校の生徒20名をロンドン近郊での学校交流に引率した国際線の機内です。あくまで1つ

の事例ですが、何かの参考になれば幸いです。

もう1つがルービックキューブ。ルービックキューブでは、**立体思考ができるほか、先読みの力ともつながっています。**

色をマッチングさせながら、立体を操作します。それが英語と何の関係があるの？　と思われそうですが、英語を話すときに、いくつかの要素を頭の中で区別しながら単語を選びますね。しかも単語を選ぶだけではなく、現在完了形なのか、現在形なのかなど、少しずつ形を変えていくわけです。その思考につながるのが、ルービックキューブです。

ルービックキューブが面白いのは、規則性の理解、多面的な予測、スピード感のみならず、忍耐力が身に付くことです。できた！　と思ったら反対側がズレちゃった。絶対にここは変えない、と決めてもそうはいかない。

私は完成させられたことはないのですが、抜群に英語ができるイタリアからの留学生と、英語の得意な浦高生が、ルービックキューブ競争をした後の感想戦の中で、いろいろ交わしていた会話から、そうか！　と関連性を考えました。これも一つの事例ですが、参考にしてみてくださいね。

つまり、**外国語を扱うときには、行動に結び付いた多面的な思考が必要であり、それは、遊びやゲームの中でも鍛えられる**ということを、身近な例を使って説明してみました。

SONOKO先生のワンポイント

遊びやゲームの中でも、英語脳は鍛えられる！

母と競っていたら
ハーバードMBAに
行くまでになれた!

　小さいときから、英語教師だった母に英語のアニメをやたらと観せられました。「英語ならいくらでも観ていい」と言うので、『ホームアローン』とか『バック・トゥ・ザ・フューチャー』などの録画を繰り返し観ていました。

　小学生のとき、サッカー少年団の国際交流に参加して、ニュージーランド人と友だちになれました。その後、中学入試の合格祝いに友だちと映画を観に行って、「吹き替え」というものがあることを初めて知ることに。でも、口の動きがずれるのが嫌で、英語の映画は英語音声で観続けていたんです。そのかいあって、学校の英語のテストでリスニングだけは自信がありました。

　単語帳選びは母に相談したし、大学入試の英作文の添削も助かりました。でも、悪いけどTOEICは母さんを超えました。今は母の夢でもあった商社での海外業務を頑張っています。

　母の教え子の中でハーバードだけは行ってないはずだから、僕がハーバードExecutive MBAへの社費短期派遣を勝ち取りました。そしたら、母は「じゃあ、自分はハーバード教育大学院だ」といきなりオンライン受講したのです。どこまでも張り合ってくる、この母がいたから今の英語力があると思っています。

タイの東大から
インドのIT企業で大活躍！

　中高通して英語は得意でした。部員だった英語部では、ディベートにも取り組みました。

　なのに、イギリス留学の対象者にはなれなかったのです。悔しさをバネに（というほどでもないけれど）、どうせなら違う道で面白いことをしようと大学時代にタイの東大と言われるチュラロンコン大学に留学することに。東南アジアを各地旅して、ブログ投稿を始めました。

　その後はIT関係に就職し、縁あってインドのIT企業にも勤めました。これまた縁あって、IT関連の書籍作りに関わることに。読者に知りたいことを届けられたので、増刷をし、次々と新しい書籍の執筆を手がけることにもなりました。

　いつの間にか「著者の先生」になってしまったようです。英語がどの程度役に立っているかと言われると、もはやツールとして自然すぎて、具体的に表現しづらいのですが、旅行先での楽しみ方を格上げでき、情報の収集量は増え発信も加速するし、何より独学で英検1級が取得できたことは、かなりの自信になりました。

夢は宇宙！
かなえる第一歩は
アメリカ進学だった

　高1、高2の春休みで2回デンマークに行きました。学校が
スーパーグローバルハイスクールで、「SDGs先進国を見て
おいで」という企画だったようです。

　1回目はイギリスとセットで、2回目はデンマークだけ。英
語やSDGsの学び以上に、人生の目標を決めるのは「出会い」
なんだと学んだのが大きな収穫でした。

　高校3年の秋になってからアメリカで宇宙航空に強い大学
に行きたいと思うように。先輩の前例もあり、すぐにどこに
行くかの話になりました。結果、カンザス州にあるウィチタ
州立大学を選んで正解だったと思っています。

　今、世界中から集まる同期とプロジェクトを進めています。
英語力はここではやっと人並みだけど、自分は研究計画や模
型作りで貢献しています。高校同窓会の奨学金も利用できる
ので、大学院に安心して進めることは、ありがたかったです。
将来は、NASAに関わる仕事がしたい。このまま行けばきっ
とかなうと思っています。

第 **7** 章

中学につながる
「学ぶ力」を
付ける

Do you want some more?

Yes, please

英語の「中1ギャップ」を感じないために

　2020年から、小学校では英語が「教科」になりました。「おうち英語」で英語に親しんできたお子さんも含め、小学校までは英語を楽しく学んでいたお子さんが、なぜか中学校で英語が苦手になった、英語が嫌いになったという声を聴きます。

　「英語の中1ギャップ」と言うそうです。

　なぜ中1ギャップが起きるのでしょうか。

　小学校までの英語は、楽しく遊びながらできていた。それが**中学に入ると急に覚えることが増え、難易度がアップし、「受験のための」英語になってしまった。**

　私立中学の受験で勉強を頑張っていたお子さんにも中1ギャップは起こります。なぜなら、それまでは中学受験の科目の勉強に忙しい。そのため、小学校の授業で英語に触れる以外、英語の学びは一旦休止。晴れて私立中学に入学直後にいきなり問題集を渡されて英語はすっかり楽しいものではなくなっていた……ということもあるようです。

　また最近では、英語の力がある子を確保してしまおうと、英検の取得を中学受験の条件にしている中学もあります。となると、小学校時代の英語ですら、受験のためのものとなり、楽しいものではなくなっていくかもしれません。

　とくに**私立中学のほうが英語の壁は高く**、入学直後から大学進学のために穴埋め問題や正誤問題を始めたりします。

おうち英語で中学英語もポジティブに

　とはいえ、嘆くことはありません。小学校で英語が教科になったことはポジティブな変化です。**せっかく小学校から英語に触れるのですから、英語に親しんでほしい、好きになってほしい。おうち英語もフォローに使いながら、うまく活用しましょう。**

　中学に入ってから英語にギャップを感じることなく英語を楽しむためには、第4章の「読む力・書く力」をしっかりやっておきましょう。

　その上で第7章では、少し先取りして知っておいてほしいことをお伝えします。

　少しお子さんには難しい内容も入っていますが、お母さん、お父さんに頭の片隅に入れておいてほしいことをまとめました。お子さんが困ったとき、つまずいたときにぜひこの本で振り返ってくださいね。

SONOKO先生のワンポイント

中1の英語ギャップをなくすのは「おうち英語」が鍵

コミュニケーションの中での「文法」は意外に複雑

　コミュニケーションと文法は違うものだと考えている人が多いかもしれませんが、**実はコミュニケーションと文法は、コインの裏表のようなもの。**

　たとえば疑問文。コミュニケーションには疑問形が必ず出てくるものです。「今日は何を食べたの？」「この後、どこに行く？」「もう宿題、終わった？」など。皆さんご存じの通り、疑問文は単語を入れ替えるなどの、文法的な運用が必要です。小学校3、4年生の英語の学習指導要領の中には「質問する・依頼する」があります。**中学の先生の中には、もう疑問文をやった前提で授業を進める場合もあります。**

　また高学年になると、疑問詞で始まる5W1Hも出てきます。5W1Hとは、When（いつ）Where（どこで）Who（だれが）What（なにを）Why（なぜ）How（どのように）のことをいいます。

　Would you like～?（～はいかがですか）も出てきます。小学校の授業で1回でも触れたら、中学ではすでに習ったことになりかねません。

結果として文法につながることも

　5、6年生の学習指導要領には、"使用頻度の高いもの" については動名詞や過去形も扱ってよい、とされています。なぜかというと、動名詞は動詞を-ing形にして名詞として使用す

る用法ですから、小学校の英語で趣味を話題にするときに避けて通れません。"I enjoy **playing** tennis."（私はテニスを楽しんでいます）というときの太字の部分が動名詞です。この部分を、"enjoy tennis."のように、-ing抜きで覚える子と、"enjoy **playing** tennis."と-ingをきちんと付けられる子がいます。中学に入ったとき、どちらが英語で苦労するか、わかりますよね。

　また「夏休みにどこに**行きましたか**」という話をするときに、過去形は自然に出てきます。よく出てくる動詞の「行く」「言う」などは、過去形がそれぞれgo-went（過去形）、say-said（過去形）です。**使用頻度が高い動詞ほど、過去形が不規則**だったりします。これらは小学校の教室のコミュニケーションの現場で出現しています。

　小学校では、文法を教えるのではなく、外国語の音声や基本的なコミュニケーションで英語に馴染むことを目的としています。けれども、コミュニケーションは文法なくしては成り立ちません。言葉を構成する要素は、音、文法、単語（文字）、意味といわれていて、**小学生では音が最も優先されます。最初から文法や単語をセットで勉強する必要はありませんが、結果として文法につながっていくことになります。**

　知らず知らずに、従来ならば中学英語の内容とされていることにまで触れざるを得ないのは、日常的なコミュニケーションに必要だからです。

SONOKO先生のワンポイント

コミュニケーションには文法も必要！

小学校の英語で習うこと

　今の小学校。いったいどんなレベルの英語を習っているのでしょう？

　平成29年度告示　小学校学習指導要領【外国語活動・外国語編】第2章には以下のようなことが書かれています。

（第5学年・第6学年）

（1）英語の特徴やきまりに関する事項

（中略）

　疑問文のうち, be動詞で始まるものや助動詞（can, doなど）で始まるもの

　疑問詞（who, what, when, where, why, how）で始まるもの

（中略）

　小学校の外国語科では, or を含む選択疑問文, may やwill などの助動詞で始まる疑問文, does や did で始まる疑問文、which や whose などの疑問詞で始まる疑問文は扱わない。

参考：【外国語活動・外国語編】小学校学習指導要領（平成29年告示）解説

　具体的な例で説明しましょう。

　次ページの絵に対してできるだけたくさんの質問を作ってみてください。

　いかがですか？

How many?　で質問を考えた人が多いのではないでしょうか？

　Where?　What?　行先や目的が気になった人もいるかもしれません。

　Why?　そもそも、バスになんで猫が乗っているの？　と考えられた人はいますか？

　「え？　これ全部英語に訳すの？　難しくない？？」と感じますよね。

　小学校の英語のレベルがなかなか高いことがおわかりいただけたのではないでしょうか。

「5W1H」は、聴くのは楽！答えるのは大変！

tips 055

前項で触れた**5W1Hは、聴くのは楽だけど、答えるのが大変だと言われています**。これはオープンクエスチョンといって、Why〜？ と質問するのは簡単でも、相手が自由に回答できるため、答える範囲が幅広いのです。会話の幅は広がりますが、それだけ英語の知識がないと難しくなります。小学校で5W1Hにまで及ぶのが、すごいことだと思うのは、こういう理由からです。

実は手ごわいYES/NO　疑問文

それに対して、**YES/NOで答えることができる疑問文は当然、答えるのは簡単ですが、今度は聴くほうが大変**です。

Do you〜？　Does she〜？　Did you〜？　など、いわゆる英語の活用が全部出てくるのが疑問文です。

私たちが日本語を身に付けたのと同じように、ネイティブはこうした疑問文を日常生活の中で何百回、何千回と話していくうちに覚えていきます。

日本人の子どもたちも、知識だけ、慣れだけでなく、何回も何回も繰り返し練習して、これを乗り越える必要があります。学校だけでは足りません。普段の親子の会話の中で少しずつ、疑問文を入れていきましょう。

・クッキーなどのおやつのおかわりについて

Do you want some more ?（もっとほしい？）
Yes, please.（うん、お願い）／**Not, now.**（今はいらない）

・外が晴れてきたとき

Do you want to play outside ?（外で遊びたい？）
Yes, let's.（うん、行こう）／**I don't feel like it.**（そんな気分じゃないな）

・初めて聞いたことについて

Did you know about this ?（これ、知ってた？）
Yes. This is……（うん、これはね……）
／**No. Tell me about it.**（ううん、教えて）

　毎日、耳がタコになるほど言ってみる（笑）。すると「終わった（終えた）ことはdidなんだ」と何とな〜くインプットされます。おうちでの語りかけでは場面も限られてきます。補強として、英語の映画やアニメなどで、話し手の表情、声の調子、状況などとセットで視聴しましょう。**最初は意味がわからなくても、たとえ短いアニメの番組でも、何回も聴いていくうちに耳に馴染んで、最終的に英語の文構造の理解につながっていく。**これが理想のパターンです。

SONOKO先生のワンポイント

日常生活で疑問文を繰り返し使ってみましょう

「真実は1つ、嘘は八百」で見分ける「a」と「the」

　人気マンガ『名探偵コナン』に「真実はいつも１つ！」という決めゼリフがあります。"Tell me the truth" というように、真実（truth）の前に「the」がつくのは、まさに「the」が世界にそれだけ、それしかない、という意味を含むからです。

　世界でたった１つのものには、「the」を付けます。

　それに対して、「嘘をつく」は "Tell a lie"。日本語でも嘘八百といいますが、その通りで、嘘はいくつあってもいいし、なんでもいい。真実は１つしかないから「the」だけれど、嘘はいくつも話せるから「a」なのです。

　よく英語の例として出てくる "This is a pen." これって、日本人からすれば、見ればペンが１本あるのは誰だってわかるのに、わざわざ「a」をつけます。これは、羽根ペンなどをイメージするといいでしょう。羽根ペンは、ペン先から羽根の部分でひとつながりです。途中で分かれることはありません。そういう**意味をまとめる機能が「a」にはあります。**

　"A cat is cute."（ネコはかわいい）というとき、a cat はほかの猫の代表みたいな意味も隠れています。"The cat is cute." は「その猫は可愛い。でも、ほかはそうでもない」のような意味になります。たとえばフランス語では女性名詞に付くのがune、男性名詞に付くのがunですから、英語はaに統一してだいぶ手間を省いています。an＋子音は言いにくいのでa＋子音となり、an＋母音だけが残ったという説もあります。An apple

（アナポー）のように。（『英語の「なぜ?」に答えるはじめての英語史』堀田隆一／研究社）。

複数形でも s が付かないもの

そもそもなぜ単数と複数を分けるのでしょうか?　しかも、ただ s を付けるならともかく、たくさんあっても「s」が付くときと付かないときがある。これに自分なりの仮説を作ると、イライラが減ります。

たとえば「オオカミを見たよ」と誰かが報告したとします。そのときに、オオカミがたくさんいるのと、1匹だけなのと、何匹かまとまっているのとでは、次にとる行動が変わってくるのではないでしょうか?

言語の上で区別があるということは、区別する意味があるからです。たとえば羊は sheep ですが、複数形でもなぜか語尾に「s」が付きません。

数えていると眠くなるから?　これは私の仮説ですが、自分なりの仮説を用意して例を集めてみると楽しいですよ。

SONOKO先生のワンポイント

自分なりのストーリーを作ってみてもOK!

なかなか消えない
「S」のヒミツ

お次は三単現の「s」です。忘れてしまった方のためにおさらいしておきましょう。主語が「彼 (He)」や「彼女 (She)」のように I, you, we 以外の三人称単数で、動詞が現在形のとき、動詞の語尾に「s」または「es」を付けるルールです。

なんで「s」を付ける必要があるのか、何かと邪魔扱いされる「s」ですが、これには意味があります。

日本人は三人称単数だろうがなんだろうが気にしないのに、英語圏では気にしてしまう。その理由は、51ページの図にあるように、**英語が歴史的に敵に囲まれた中で磨かれた言語だから**です。

敵に囲まれているからこそ、あらゆる場面で誤解のリスクを最小限にしておかなければなりませんでした。敵に囲まれていても、あるいは相手が心の中で自分とはまったく反対のことを考えていても、誤解が最小限になるように設計されている言語、それが英語です。だからこそ、皮肉なことに英語が世界中に広がったともいえるのです。

一方の日本語は英語とは対照的。ほとんどの場合、相手は共感してくれます。「誰」と言わなくても、「いつ」と言わなくても、「1個」なのか「複数」なのか言わなくても、相手は察してくれます。「a」も「the」もいらない、「彼」でも「彼

女」でも「私」でも誰がやったっていいじゃない、というわけです。

　敵に囲まれた世界では、"三単現のs"が来たら、「"よそ者"が来た」という意味になります。それは敵かもしれないし、スパイかもしれない。とてもヤバい状況になるのです。だから三単現の「s」は文法上、決してなくなることがありませんでした。ただ、将来的に意味をなさなくなれば、なくなっていく可能性はあるでしょう。

　一方で、「s」の語尾だけが残ったのは単に音として安定していたのだという説もあります（『英語の「なぜ？」に答えるはじめての英語史』堀田隆一／研究社）。

　こうした小さなきっかけや疑問から、面白く子どもたちに話してあげる中で、文法・語法にも興味を持ってくれると嬉しいですね。

SONOKO先生のワンポイント

ドラマチック仕立てで印象付けるのもアリ

元カレを
引きずるがごとき「完了形」

　苦手ナンバー１（?）とも名高い「完了形」。**完了形を一言でいうと、「やっちゃった感」です**。親御さんの世代ですと、完了形は「完了」「経験」「継続」と、３つの用法で習ったのではないかと思います。「経験（〜したことがある）」はわかりやすいのですが、後の２つはわかりにくいかも。完了形で私がよく説明のために使っていたエピソードは、「忘れ物」です。

　　"I've lost my wallet."
　「お財布を失くしちゃった」→「今も見つかっていない」という意味です。2つの意味をかねています。
　　"I lost my wallet."
　「財布を失くした」過去の出来事です。その後で見つかったのか、見つからなかったかはわからず、もはや気持ちはそこで切れています。

　　別の例で、大事なサッカーボールを失くしたとします。
　　"I haven't found it yet."
　このように完了形で言うと、「（失くしたけど）まだ見つかっていない」となり、まだ探していることになります。
　　"I didn't find it."
　「見つからなかった」となり、もう探していない、あき

らめた過去のことになります。

完了形は「ゾンビ」!?

　変な言い方ですが、**完了形はゾンビ、つまりまだ出来事が生きている**んです（笑）。それに対して過去形は、もうお墓に入ってしまった、もう終わっていることなのです。

　大学生に教えていたときによく使っていた例は「元カレ」。「付き合っていた」ことは事実ですが、もう過去のことと割り切って、今は痛くもかゆくもない。これが過去形です。でも、「元カレを引きずっている」のが完了形なのです。

　日本語はこのような区別はしません。その場面によって、「た」の意味を雰囲気で使い分けるようなところがあります。

　英語の完了形は、慣れるまではわかりにくいですが、実際に使っている人やテレビや映画などで、大げさにいえば100例くらい見るとわかってきます。

　できれば**小学生のうちは、たくさんの例を見て、感覚的に共通点をつかむようにしましょう。**"勉強モード"にならずにできるのは小学生のうち。時間があるうちに、好きなものを見聴きしておきましょう。それでもわからないときは、上記の場面別解説を参考にしてくださいね。

SONOKO先生のワンポイント

完了形は、たくさんの例を見て、その感覚を身に付けましょう

趣味は続けているから「趣味」

　もう1つ、お伝えしておきたいのが「～ing」です。文法の用語を知らなくても、**趣味の話をするときは「～ing」という感覚を、小学生のうちに身に付けてほしい**のです。

　日本語は「こと」と訳せるものが多くあります。「～ing」もそうですが、「to～」も「こと」と訳すことがあります。たとえば、

I like to play the guitar.

I like playing the guitar.

（私はギターを弾くことが好きです）

　どちらでも良いと書いてある参考書もありますが、一方で趣味は必ず "My hobby is playing the guitar." といいます。

　実際の行動をともなうのが「～ing」で、気分の問題なのが「to～」です。

　教員時代、帰国生で英語が得意な生徒にもっと難しい例文で区別を教えてもらったのが目からウロコでした。

　趣味というからには毎日のように実行をしているから「～ing」だったのですね。

楽器に「the」が付く理由

この例文にはもう1つポイントがあります。

The guitarやthe pianoのように、演奏する楽器を指すときにtheが付くのが、私はずっと不思議でした。

でもあるとき気が付いたのです。「ギターを弾く」「ピアノを弾く」と決めたら、弾くと決めた楽器は特定の楽器であって、どこにでもあるギターやピアノではありません。だから、楽器を演奏するときには「the」が付くのですね。

ハムレットの悩みは、アタマの中のこと

「〜ing」と「to〜」の話に戻りますが、シェイクスピアの戯曲『ハムレット』の有名な一節に、"To be or not to be"があります。

「あるべきかあらざるべきか」「生きるべきか死ぬべきか」「このままでいいのか、悪いのか」。

いずれにしても、この「to」は頭の中のこと。だからここは「being」ではなく、「to be」なのです。

実際に現実にある具体的なことと、頭の中にあることを分けることを、ぼんやりとでもいいので、繰り返し想像してみる。これが英語が上達するコツです。

もう1つ例をあげます。

以下の例文で、山登りはまだ実行されておらず頭の中のことなので"to climb"を使います。計画のほうは進行中なので"planning"になります。

We **are planning to climb** the mountain .

（私たちはその山に<u>登る計画をしています</u>）

この文で、planを現在形にしておくとどうなるかというと、いつもやっている（いつも山に登る計画を立てている）ことになり、アルペンガイドをしている人なのかな？　という雰囲気もあります。

1回ずつ、計画中（we are planning）か、計画後だけれど登る前（we have planned）、計画しているけれど登っていない（planned）と使い分ける必要があります。

登りたい山は決まっている？　いない？

ついでに「a」と「the」の復習をしておきましょう。

We are planning to climb **a** mountain.

（私は山に登ります）

We are planning to climb **the** mountain.

（私はその山に登ります）

「a」なら、どの山かは決まっていなくて、「とにかく、山に登りたい」。「the」だと、もうどの山に登るのか決まっているという意味になります。

ごめんなさい。少しハードルが高い話になってしまったかな？

　この文には、もう１つ注意点がありました。発音でＬとＲを区別して、スペリングにも注意しましょう。実は、テストではこういう語が出題されやすいのです。Crimeだと「犯罪」になります。Clapは「拍手」です。

　なぜこうしたマニアックなお話を一気にするかというと、お子さんが迷ったときや混乱したとき、お母さん、お父さんに「そういえば、あの本にこんなことが書いてあったな」と思い出してほしいと願っているからです。

SONOKO先生のワンポイント

難しいけれどお子さんが迷ったときに思い出してくださいね

寿限無は
英語なら長助と呼ばれる？

　寿限無（じゅげむ）はご存じ、古典落語の１つ。早口言葉のように、寿限無で始まる長い長い子どもの名前を言っています。子どもの名前の前に、たくさんの説明が付いています。

　ここでお話ししたいのは寿限無のことではなく、関係代名詞の話です。関係代名詞とは、先行詞（名詞）が、後続する節によって説明されるものをいいます。太字部分が関係代名詞です。

I have a friend **who** wants to be a youtuber.

（ユーチューバーになりたい友だちがいます）。

I like books **which** have many pictures.

（私は絵がたくさんある本が好きです）。

　日本語では、名詞の前にいくらでもいろいろな言葉をくっ付けることができます。寿限無では最後の最後に「長助（ちょうすけ）」という名前が出てきます。でも、敵に囲まれた中で発展した英語の世界では、そんな悠長なことはしていられません。だから**最初に大切なことを言います**。英語では、最初に「長助」と名前を言い、後ろにいろいろな説明を付けるイメージです。

　関係代名詞も同じで、後付けの説明をするのです。

　名前や結論など大切なことを最初に伝え、細かい説明は後

ろに付けていく。後ろに行けば行くほど詳細になるので、最後の1つの情報まで意味を持っています。

関係代名詞はネイティブも不便で単純化

　関係代名詞、苦手だった方も多いのではないでしょうか。who が人、which がもの（こと）を指すのに、どちらにも使える that が出てきたり、省略されてしまう場合もあります。これがなんとも悩ましく、イライラしてしまう人もいるかもしれません。ネイティブスピーカーにさえわかりにくいため単純化されるのです。

　じつは国語力が高い人ほど英語が嫌いになることがあるのは、言葉に対する感性が高くて、厳密にきちんと理解したいと思うことも理由の1つ。本を読むのが好きなど、言葉に敏感なお子さんの場合は、ルールはどんどん変わっていくんだよ、気楽にね！　と教えてあげるのもいいですね。

SONOKO先生のワンポイント

後から細かい説明を付け加えていくのが英語

「ディベート」は中学生からチャレンジ！

　中学生になったらぜひ「英語でディベート」にも挑戦してみましょう。

　小学生のうちからできることは、「自分の意見を持つ」こと。ニュースや世の中で起きていることに関心を持ち、「自分ならどうするかな」と考えたり、親子で何かをネタにして話し合ったり。

　たとえば今、物価が上がっていますが、スーパーなどに行って「どうして値上がりしているんだろう」と話し合ってみる。そこからですか？　というようなことこそ、親子で一緒に学びながら、視野を広げていく、つたなくていいから自分の意見を持つことです。

　小学生なら夏休みの自由研究にして、問題意識を持っておく。将来的にそれを英語で伝えたらどうなるんだろう、反論されたらどう返せばいいのだろうと考えておくだけでも、１歩も２歩も進んでいますよね。86ページの「ああ言えばこう言う」をここで発展させるのです。

　たとえば家族で意見を出すときも、わざと自分とは反対意見の意見を言うことも練習になります。だんだん慣れてきたら、証拠を探してみてもいいでしょう。「お父さん、この間は○○だって言っていたけど、今日学校で先生が△△と言っていたよ」「それは、ニュースで言っていたことと関係あるかもしれないね」などといったように、**証拠を探す、エビデン**

スを探すクセを付けておくと、知識が増えて、ディベート力もアップします。

そもそも日本人は日本語でさえディベートが苦手なので、このハードルを小学生のうちに超えておくことが重要です。

家族で慣れたら、次のステップは外国人と意見交換ができるかどうか。難しく考える必要はありません。国際交流のイベントなど、どんな機会でもいいので、軽く意見交換ができるだけでも、すごいこと！

たとえばサッカーで国際交流するときに、「暑くてプレイできない」「靴が合わない」とか、いろいろな問題が出てきます。こうしたときにどうやって問題を解決していくか。そんなささいなことでいいのです。

ディベート力は、将来、海外の大学を目指す人には必須です。普段の授業からディベートが取り入れられているので、海外の大学に留学した人たちから「もっと早くからなじんておきたかった」という声をよく聴きます。

大切なのは、やっぱり「マインド」です。

自分の意見を持って思い切って発言する。相手が反応してきたら、もう一度返して、お互いの妥協点を探ります。**論破することが目的ではなく、論点をはっきりさせたり、分析的な思考力を養うことが目的**です。

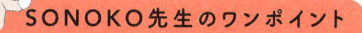

SONOKO先生のワンポイント

自分の意見を持つことでディベート力もUP！

「奨学金＆補助制度」で
コスパよく！

　少し先の話になりますが真剣に海外を目指したい、海外の大学で学びたい。けれども資金が足りない……こうした学生のために、いろいろな制度があることは、意外なほどに知られていません。

　「海外の大学へは、裕福な家庭でなければ行けない」「親がバイリンガルじゃないと無理」「海外の大学と連携しているのは私立高校だけ」と思っている人がいまだにたくさんいらっしゃいます。

　公立高校の先生方も、自治体も、海外を目指す学生を応援したい気持ちを持っていて、実際援助をしているところもたくさんあります。

　ところが、届くべき人たちに情報が行き渡っていないのが現実です。今まで海外に行ったことがない人はもちろん、留学はただの憧れで、最初からあきらめていた、そのようなお子さんのチャレンジを待っているのです。

都立高校生にもチャンスはある！

　ぜひ自治体の広報誌や公式サイトをまめにチェックして、自治体の国際交流プログラムなどに参加してみてください。

　また、海外留学は私立高校の特権ではありません。東京都に限りますが、都立高校には「次世代リーダー育成道場」と

いうものがあります。総費用は約80万円。約1年間の海外留学の費用としては、破格です。収入状況に応じて減額や全額免除もあります。

選考は小論文、面接、英語で英語の実力は 英検2級の上位で合格する程度（CEFRでB1相当以上）。いわゆる中堅高校からも参加者が多いのが特徴です。

やる気と適正があればジャパンドリームがかなう時代

地方の公立高校では同窓会が奨学金を用意しているケースもあります（埼玉県立浦和高校同窓会奨学金財団など）。

ちょっとした内緒話としては、**学校に相談する場合、誰に最初に相談するかが意外と大事です**。おすすめは授業中に海外の話をしてくれて、職員室でもネイティブ講師の先生と雑談していることが多い先生です。英語の先生以外にもいるかもしれないので、よく観察をしてみましょう。なかには、校長先生に直談判した人もいますよ。そのようなときには、まずは本人が動くこと。親が代わりに、はNGです。

地方自治体や学校独自の奨学金は、募集期間や支給条件が年度ごとに異なる場合があります。最新情報は各自治体の公式ウェブサイトで確認することをおすすめします。

ひと昔前なら、裕福なご家庭や、海外経験のあるご家庭などが圧倒的に有利でした。そもそも英語においてはスタートラインが違っていたのです。でも今は、追いつくこともあれば、追い抜かれることもあるし、よく言えば、だれもがグングン前に進むことができる時代です。

実際、私の教え子は偏差値50の中堅高校からアメリカの

大学に進み、いまやアメリカの一流企業に勤めています。当時はレアケースだと思っていましたが、これからはこんなアメリカンドリームならぬ、ジャパンドリームがあちらこちらで見られるのではないでしょうか。

　出会いときっかけ、そして本人のやる気と適性があれば、その分野のトップランナーになれるのです。そんなチャンスが限られた人だけでなく、皆さんにあります。やっとそんな時代になったと思っています。

　いま大人になってグローバルに活躍されている方やイキイキと仕事をされている方の多くから、「"精神的な若さをもって世界を見るか、見ないか"で世界の見え方が決定的に違ってくる」ということを何度となく聴きます。

　もちろん、大人になってからも精神的な若さを保つことは可能ですが、若さに満ち溢れている小学生時代のお子さんにも、ぜひ『経験』というプレゼントしてあげましょう。

　親はぜひお子さんに「やればできるよ」という気持ちを伝え、前に進めるようにサポートしてあげましょう。そして、それを公的に支える仕組みや制度がどんどん整備されていますので、あきらめずに探してみてください。

　次のページに民間の奨学金の例を一部挙げておきます。大学受験との関係を気にする方もいらっしゃいますが、中学3年で申し込み、高校1〜2年の1年間留学する方法もあります。早めに調べておきましょう。

民間奨学金プログラムの一例

・**ロータリークラブ**

　国際ロータリーが提供する奨学金で、世界中の学生に対して学費や生活費を支援しています。留学先やプログラムによりますが、数十万円〜数百万円程度の支援が行われます。各地のロータリークラブを通じて応募します。詳細はロータリークラブのウェブサイトで確認できます。

・**AFS**（American Field Service）

　第一次大戦後のヨーロッパで始まった最古の交換留学団体です。AFS日本協会を窓口に、高校生を対象としています。世界約40ヵ国が参加していています。発展途上国の留学生を支援するために自己負担金がありますが、経済状況に応じて支給型の奨学金も多数用意されています。

https://www.afs.or.jp/#afs

SONOKO先生のワンポイント

子どもに"経験"というプレゼントを！

ちょっとがんばって
「スピーチ」をしてみる

　日本の英語の教科書もだいぶ変化してきて、スピーチの台本、というような作業が中学校1年生からも登場します。

　たとえば、好きなスポーツがあるとしますね。なぜ、そのスポーツが好きなのか？　好きな理由は「面白いから、楽しいから」だったとします。これを具体的に英語で伝えるのです。

　わかりやすい例を1つ示そうと考えて、私自身も頭を抱えてしまいました。中学生が使える語彙と文法で、これを達成するのは、かなり難しいことだからです。

　1つやってみますね。

　始め：わたしは水泳が好きです。

　理由：練習するとうまくなるからです。

　例：ビートを練習すると速く泳げます。

　まとめ：わたしは水泳の練習をするのが好きです。

　I like swimming. I can swim better, as I practice. I can swim faster, as I practice beating. I like to practice swimming very much.

　これでも、及第点がもらえるかどうかは、あやしいところです。

　しかも、すでに、かなり難しい技術が含まれていますね。

ちょっと見ていきましょうか。

As……「～のときに」「～するにつれて」「～するから」の意味を兼ねています。Whenやifよりもやさしいので使ってみました。

Practice……「練習する」。後ろにくる動詞の形はto-ではなく、-ingになります。

Can……「～できる」。助動詞の1つなので、以前は中学2年生で教えていましたが、自己紹介や相手を知るための質問では定番です。今は小学生でバンバン出てきます。

Better……「より上手に」。比較級の不規則変化のため、昔は中学3年生で教えていましたが、ある程度使わないとコミュニケーションが不自然なので、今は小学校でも出てきます。

……というのは少し言い訳で、やさしく表現するのは本当に難しいのです。

「おうち英語」でアシストできるのは、この本でお伝えしてきたように、**自然な英語に豊富に触れられるような環境を整えること、できるだけ理由を添えて自分の考えを表明できるようにすること、英語を話す現場に触れられるようにすること**が中心となります。

また私自身、英語を話す現場とは距離のある中で英語を学ぶ時間がどうしても長くなりがちでした。その経験も踏まえて、**外国語と向き合うときのマインドや、小さなきっかけから学びを広げる心がまえの大切さ**を特に強調してお伝えして

います。似た境遇のご家庭にも、きっと役に立つと思います。

　何事にも限界があるように、「おうち英語」にも限界があることを最後にお伝えしなければなりません。**子どもは成長し、広い世界と出会い、自力で立ち向かう**ことになるからです。「おうち英語」で、できるところまで伴走をして、あとは本人の学ぶ力、プロのアドバイス、学校を始めとした環境選びの比重がだんだんと高まるのも事実です。

　そうなってからでも、ときどき懐かしそうに振り返って、**「経験させてもらっておいてよかったよ」と後から言ってもらえるのが「おうち英語」の一番の醍醐味**なのです。

SONOKO先生のワンポイント

英語に触れる機会を増やせることが 「おうち英語」の醍醐味

ツアコンの添乗先で結婚、
日本語学校校長になった

　英語は好きだけど勉強は嫌い。しかも早起きが苦手で、高校時代は遅刻ばかりしていました。学校でもまわりに英語ができる人が多かったので、自分は普通だと思っていたけれど、旅行会社のツアーコンダクターになってみると、「英語がどんどん出てくるね」と英語力をほめられました。そしてどんどん活躍の場を与えられるように。

　案外タフだからと、なぜかインドの添乗が多くなりました。

　やがて、現地で観光マネジメントしている人に「お姫様のように暮らさせてあげる」とプロポーズされました。断って帰ってきたけれど追いかけてきて、親にすっかり気に入られてしまい、そこまで言うなら、と結婚してインドに移住。

　何か自分でも仕事をしたくなり、インドでの私の強みは何かと言うと「日本語が話せること」。「だったら学校だね」と夫がお金を出してくれて、なんと私が日本語学校の校長に。まさか私が校長先生になって、「遅刻しないで」と講師や生徒に言ってるなんて誰も信じないだろうけど、本当です。

　今は人材派遣にも業務拡大しています。

　人生何が起こるかわかりません。少しずつでも勉強しておいたほうがいいですし、何より「やりたいこと」にフォーカスするとうまくいく！　と心から思います。

英語の土台作りは「おうち」から始めよう!!

厳選した「おうち英語」のメソッドを63のTipsに!

「紺屋の白袴」という言葉を聞くとハッとします。「染物屋の子どもの袴が白い」。親の思いを次の世代に伝えるのがいかに難しいかを端的に表していると思います。

英語に出会って50年、英語教師になって40年、子育て歴はもう少し短く35年になります。工学部で建築を学んでいた息子が、いろいろと考えた末に商社に就職すると言いだしたとき、そして、就活のためにTOEICを勉強したら2回目の挑戦で私の最高点を上回ったとき、私の頭に浮かんだのは、「白い袴が濃い青に転じる」絵でした。

「藍は藍より出でて藍より青し」

まあ、嬉しい。

でも、少し、くやしいかも。

なんで、コツコツと勉強してきた私よりも良いTOEICの点を、息子が取れてしまったのだろう。中学でも高校でも英語が得意というほどでもなかったのに。むしろ、数学、物理が得意だったのに。大学でも体育会系だったのに。

そういえば、センターリスニングは模試も含めて常に満点だった。単語を増やしたら偏差値が上がった。人見知りせずに留学生などとも話している。何より、「世界を相手に仕事

をしてみたくなった」という言葉には実感がこもっている。

　Gakken の古川編集長にお会いしたときにこのエピソードを話したらとても興味を持ってくださいました。一人息子が留学なしで商社に受かって、その後もインドへの海外赴任、ヨーロッパへの海外出張を意欲的にこなし、ついにハーバードMBA の社費派遣（短期）を射止めた。さらに、海外留学や海外大学進学がレアな時代から、実に多くの生徒を海外に送り出している。そこには何か秘密があるはずだから、Tips として書き出しましょう、ということになりました。

英語と上手に、にらめっこ

　そんなふうに誕生した本書の Tips の数々は、本人がその気になったときに、英語があと伸び・爆伸びできる下地を作っておいてあげるヒントです。ぜひ実践してみてくださいね。

- **英語の音に触れる機会を用意し、一緒に楽しむ**
  変な音だけどアリなんだ、とまねしながら慣れていきます。
- **英語話者も含め、多様性のある場での経験を促す**
  笑顔など、言葉以前の要素が大切だと気付きます。
- **たくましく自由で前向きな心の根っこを育てる**
  挨拶やほめ言葉を大きな声で言うと、元気な気持ちになります。
- **新しいことに好奇心を持って対応できるようにする**
  毎日を楽しく過ごせる可能性が広がります。

　これらの心構えは、英語という外国語と対峙（にらめっこ）する中で培われることもあれば、逆に、対峙（にらめっこ）す

る力を付けるともいえます。

　なんで、にらめっこ？　普通にもっと楽しめばよくない？

　でも、人生は楽しいことばかりではありません。言語は人生を回す歯車のようなもの。その歯車を母語に加えてもう一つ手に入れようというのですから、ちゃんと対峙してほしいな、と思います。

　私自身、「数える・数えない」問題で英語が嫌いになりかけました。Fish の複数形は fish。でも数えやすそうな（大きな）サメだって魚でしょう？

　Sheep は複数形は sheep なのに wolf の複数形は wolves であるのと共通する理由はある？　警戒する動物だから数える？でもこうやって自分なりに仮説を作って確かめることを「面白いかも」と思えたから、その後も学び続けられたように思います。

　外国語を学んでいるのですから違和感があってあたりまえ。違和感の向こうに理由を探す、仕組みを探す、まねできることとまねできないことを分ける、今できることと今できないことを見分ける。待つ。確かめる。挑む。人生の中で普通に繰り返されることの仲間に、英語にまつわることも入れてみると、可能性が広がるのです。

「ＴＯＥＩＣ逆転」は息子からの恩返しだった

　息子が生後 10 カ月のころ、英語学習の訪問販売を私は断ってしまいました。モデル教材の blue の音があまりにきれいで、日本語の「青」より先に覚えたらどうしよう？　と思ってしまったのです。そのとき、断った代わりに自分でなんと

かしなくちゃ、という責任感が湧きました。

　発音を意識して、ミルクでなくてミオクと言おう。海外の友だちからクリスマスプレゼントにもらった英語のビデオを繰り返し見せました。図書館で絵本を借りるときに英語のものも混ぜました。

　育休を終えて職場に戻ると保育園の送迎だけでいっぱい、いっぱい。車の中で聴く童謡に、英語を少し混ぜてみました。自分が洋楽を聴くとき、英語の映画を観るときは息子も一緒。わかってもわからなくても。イギリス人の英語講師が同僚になれば自宅に招いたり。

　先が見えない時期が親子ともに続きましたが、どこかで、「親があんなに夢中になること、その向こうに広がる世界」に息子が興味を持つようになったのも自然のなりゆきだったかもしれません。

　コツコツ型の私の努力（40年以上！）を、スイッチが入った息子の英語が悠々と追い越していったのは、幼少期からの環境整備が役に立ったからだと思います。

　2010年代以降、「日本の若者は内向き」、と言われる一方で、世界に羽ばたく人の高さ広さは確実に伸びていると感じます。以前は挑戦しただけですごいと言われたアメリカ大リーグ（Major League Baseball）で、次々と記録を塗り替える選手が登場すると30年前に誰が予想したでしょうか。

「英語をやっててよかった」と思えるように！

　すでに、アジア、ヨーロッパ、中東、アフリカ、南アメリカ、多くの国で、英語ができるかできないかで、将来の仕事や生

涯賃金に大きな差が出るという現象が起こっています。

わたしの好きな英語のことわざに、

Every cloud has a silver lining.（すべての雲には銀の裏打ちがある）
というものがあります。

暗雲立ち込めるような状況であっても、雲の向こうにある太陽への想像力を持ち続けたいものです。

2024年の暑い夏にも、オリンピック金メダリストの中に、外国語でコーチと堂々と議論をして意思の疎通を図ったという人が登場しました。

この夏、私はフランスを訪れ、英語事情・英語教育事情を取材しました。50年前には「英語がわかってもわからないふりをするフランス人」と言われていましたが今は違います。相手の様子に合わせて自由にフランス語と英語を行き来しながら意思の疎通をしてくれる人が多数いました。書店には子どもに英語を教えるための絵本や教材がありました。

次の世代が共通語としての英語で堂々と、自信をもって、自分の思いや希望、新規企画や紛争解決を世界の人と語り合ってもらえますように。

読者の皆さま、待ったなしの未来を生きるのに必要な知恵を、どうか、この本から引き出してください。

質問・疑問・意見・達成事例があればお寄せください。

一緒に考え、ともに歩みながら、「英語をやっててよかった」という喜びを次の世代に、プレゼントしていきましょう！

明日を生きる子どもたちを苦しませるのではなく、助け励ます存在に「英語」がなりますように。

To infinity and beyond!!

Special thanks to

- 公益財団法人 埼玉県立浦和高等学校同窓会奨学財団理事長 川野幸夫さまを始め、財団の皆さま
- 立教大学名誉教授 鳥飼玖美子先生と異文化コミュニケーション研究科同窓生の皆さま
- 聖学院大学教授 東仁美先生、同特任教授 小川隆夫先生、同准教授 村岡有香先生
- 一般財団法人 教育環境デザイン研究所 理事長 小原聡さま、理事 白水始先生を始め、研究員とスタッフの皆さま
- mpi松香フォニックスの皆さま
- J.Discover 出版アドベンチャープログラム主宰 城村典子先生、スタッフと会員の皆さま
- オンライン講座のAiko Hemmingway先生、長沼ゆかり先生
- X(旧Twitter) グローバルコミュニティとsono_englishのフォロワーの皆さま
- FacebookやLINEでいつも応援してくれる長年の友達、ママ友、著者友の皆さま
- 埼玉県立浦和第一女子高校、埼玉県立南稜高校、埼玉県立浦和高校、埼玉大学、聖学院大学、お茶の水女子大学附属高等学校の、同僚と教え子総勢 12,000 人余りの皆さま
- Gakken 古川有衣子さま、樋口由夏さまを始めとした外部スタッフの皆さま
- 支えてくれた家族、ネタになってくれた小河冬樹さん

Last but not least

- この本を読んでくださった読者の皆さま!!!

参考文献
『社会人のための英語の世界ハンドブック』酒井志延・朝尾幸次郎・小林めぐみ（編）／大修館書店
『英語の「なぜ？」に答える はじめての英語史』堀田隆一／研究社
『小学校英語 はじめる教科書 改訂 3 版』小川隆夫・東仁美（著）吉田研作（監修）／mpi 松香フォニックス

気がつくと子どもの英語力がぐんぐん伸びている

おうち英語

2024 年 12 月 24 日　第 1 刷発行
2025 年 3 月 21 日　第 2 刷発行

著　　者　　小河園子
発 行 人　　川畑　勝
編 集 人　　中村絵理子
編集担当　　古川有衣子
発 行 所　　株式会社Gakken
　　　　　　〒 141- 8416　東京都品川区西五反田 2-11-8

印 刷 所　　中央精版印刷株式会社

●この本に関する各種お問い合わせ先
本の内容については、下記サイトのお問い合わせフォームよりお願いします。
https://www.corp-gakken.co.jp/contact/
・在庫については　Tel 03-6431-1199（販売部）
・不良品（落丁、乱丁）については　Tel 0570-000577
　学研業務センター　〒 354-0045 埼玉県入間郡三芳町上富 279-1
・上記以外のお問い合わせは　Tel 0570-056-710（学研グループ総合案内）

学研グループの書籍・雑誌についての新刊情報・詳細情報は、下記をご覧ください。
学研出版サイト　https://hon.gakken.jp/